Love & Respect
in the family

父母需要尊重
孩子需要爱

[美] 爱默生·艾格里奇 (Emerson Eggerichs) 著
陈瑾 译

北京联合出版公司
Beijing United Publishing Co.,Ltd.

图书在版编目（CIP）数据

父母需要尊重，孩子需要爱：避免父母生气孩子受伤的沟通方法 / (美) 爱默生·艾格里奇著；陈瑾译. -- 北京：北京联合出版公司, 2018.5
ISBN 978-7-5596-1577-0
Ⅰ.①父… Ⅱ.①爱… ②陈… Ⅲ.①家庭教育Ⅳ.①G78
中国版本图书馆CIP数据核字(2018)第013831号

Love and Respect in The Family by Emerson Eggerichs © 2013 Emerson Eggerichs
Published by arrangement with Thomas Nelson, a division of HarperCollins Christian
Publishing, Inc. through The Artemis Agency
Simplified Chinese edition: © 2018 Beijing KunYuan TianCe Culture Development Co., Ltd
All rights reserved.

北京市版权局著作权登记号：图字01-2017-5032号

父母需要尊重，孩子需要爱：
避免父母生气孩子受伤的沟通方法
Love & Respect in the family

著　者：[美]爱默生·艾格里奇
译　者：陈　瑾
责任编辑：龚　将　夏应鹏
封面设计：平　平
装帧设计：季　群

北京联合出版公司出版
（北京市西城区德外大街83号楼9层　100088）
北京联合天畅发行公司发行
北京画中画印刷有限公司印刷　新华书店经销
字数180千字　640毫米×960毫米　1/16　14.5印张
2018年5月第1版　2018年5月第1次印刷
ISBN 978-7-5596-1577-0
定价：36.00元

序　言

以爱与尊重的方式教养孩子有效果吗？

　　我们都有过类似的经历……

　　你在杂货店排队等候结账，正当你忙着要把购物车中的商品拿出来时，你那五岁大的孩子却偏偏因为你不给他买糖果而大发脾气，坐在地上又哭又闹，高声叫嚷着"你不爱我"，就连在后厨绞肉的屠夫都能听到他的叫声。

　　你尴尬极了，赶忙拉起孩子，尽量压低音量，但即使这样，别人还是能够听见你对孩子说："你马上给我站起来，别闹了！"当然，你的话只会让孩子哭得更厉害。等到离开杂货店时，你会感到非常难为情，灰心丧气，而这种事情在你的生活中已经不是第一次出现了。

　　这究竟是怎么一回事呢？难道不让孩子随心所欲，事情就一定会变得不可收拾吗？

　　别以为这只是小孩子的专利，同样的事情也发生在了十六岁的凯莉身上。在她生日那天，她想要找父母借车钥匙，没想到父母的回答却是："凯莉，很抱歉今天晚上不行。"对此她抱怨道："简直难以置信，我需要用车！你们说过我可以开车的！你们所有人是不是都讨厌我？！"

我们的孩子，似乎动辄就会说出一些诸如"你不爱我""你不关心我""你讨厌我"之类的话，甚至还会质问父母："我是不是你们亲生的？"这些话在家长听来，无异于要挟。他们弄不明白孩子的本意究竟是为了借此达成自己的目的，还是他们真的觉得你不爱他了？

在亲子大战中，恼怒的并不只有孩子，父母面对孩子的叛逆，也会觉得受到了孩子的无视，没有得到家长应享的尊重。孩子和父母都陷入消极的情绪，这样的情形，为什么会屡次发生呢？

不管你的孩子有多大，你都需要一份养育孩子的计划。执行这项计划前，你先要了解适用于各个年龄段孩子的两项基本原则：

1. 孩子需要关爱；
2. 家长需要尊重。

家长与孩子的关系很复杂，但只要能够彼此相爱、互相尊重，事情就会变得容易。

当孩子对家长的话无动于衷，令家长懊恼生气时，家长不会说："你不爱我！"相反，家长会说："你现在对我很没有礼貌！"

家长需要受到孩子的尊重，尤其是在和孩子发生冲突时。孩子在生气时也不会抱怨："你不尊重我。"相反，孩子会嘟着嘴对家长说"你们不爱我""我好像不是你们亲生的一样"。每个孩子都需要得到关爱，尤其是在发生冲突时。

在抚养三个孩子的过程中，我和妻子莎拉经历过很多类似的事。我们深有体会——

渴望关爱是孩子的天性，但不幸的是，孩子还有一种天性，那就是当他们感受不到爱时，就会做出不尊重父母的行为。

渴望得到尊重是父母的天性，同样不幸的是，父母还有一种天性，这就是当他们得不到尊重，觉得被冒犯时，就会做出不爱孩子的行为。

每当这种时候，作为家庭中的引领者，父母不能把自己降低到孩子的水平，而是要在高于孩子的高度上，努力克制自己的鲁莽，避免以牙还牙，平息孩子的哭泣和尖叫。

所幸的是，当孩子觉得家长爱他时，他便会积极地回应家长，让家长体会到被尊重的感觉。而等到孩子们长大后，他们也会与自己的孩子亲密和谐，将这爱与尊重的关系传承下来。当爱与尊重的需求都得到满足时，你的家庭就会发生好事。

这本书的目的就在于此，我们旨在彻底改变家长与孩子之间的关系，展现爱与尊重的力量。通过阅读本书，你将学会：

· 把爱与尊重看作是家庭成员最基本的需求。
· 停止家庭疯狂怪圈。

· 管教孩子的叛逆行为，宽恕他们的幼稚行为。

· 做一个成熟的家长，因为唯有这样才能管好孩子。

· 父母要并肩协作，依据孩子的性别采取不同的教育方式。

· 不论孩子的反应如何，你都能做到爱他。

接下来，就让我告诉你秉承爱与尊重的原因是什么，以及，你该如何去做。

爱默生·艾格里奇博士

目录

Love & Respect
in the family

第一部分　家庭疯狂怪圈

love & respect in the family

第一部分 **家庭疯狂怪圈**

家庭疯狂怪圈

　　作为一名父亲，同时也作为一名心理咨询师，我觉得有趣的是，《圣经》只是告诫子女要尊敬父母，但并没有要求子女爱父母。同样的，《圣经》并不要求父母尊重孩子，而是要父母爱孩子。

　　我认为，上天将无条件的爱种在父母心中，就是让他们去爱孩子。此处的"爱"是指关爱。父母对孩子的关爱就像上天对世人的关爱一样。孩子是父母的归属，是他们心爱的人。孩子不必付出任何东西便能得到父母的爱，因为享受父母的爱是孩子与生俱来的权利。从一位母亲和她嗷嗷待哺的孩子身上，我们便能体会到这种爱。孩子需要这种爱，父母也无偿给予这种爱。

　　不过，尽管父母生来就对孩子怀有无条件的爱，但是当父母失望或生气时，他们就会表现出不温和的一面，从而让孩子误以为他们不爱自己。

　　正是这个原因，导致了家庭疯狂怪圈。当孩子觉得没有得到父母的爱时，孩子就会表现出不尊重父母。而当父母觉得孩子不尊重自己时，父母就会表现出不爱孩子。这一过程不断地循环，你必须采取行动，才能停止怪圈的运转。

在本书的前三章，我们将学习如何解读家庭疯狂怪圈，分析事态是如何升级的。更重要的是，在这一部分，我将会分享缓和事态的策略，避免情况失控。

第1章

要是孩子都能听话，人人都能成为好家长

那是发生在 1986 年一个炎热的夏日，我们刚刚度过了一个清爽愉悦的假期，正在驾车回家的路上。

刚开始，大家沉浸在团聚的欢乐氛围中，一切都风平浪静，直到离家还有 200 英里的时候，情况开始不对劲。突然间，10 岁的乔纳森、8 岁的大卫，以及只有 4 岁的乔伊开始了争吵，尽管我们一再说"停下来，别吵了"，但孩子们仍是吵个不停，一直吵到我们在休息点停车，去野餐区吃午饭时仍然没有停止。乔纳森不停地欺负乔伊，而大卫则在一旁，数落着自己的哥哥和妹妹。

场面愈发不可收拾，妻子莎拉终于忍无可忍，她从餐桌前站了起来，大声宣布："我真的受不了了！"说完之后，她便转身离开，独自走向另一张没有人的餐桌。见此情景，我赶忙将孩子们聚在一起，带他们去洗手间。

莎拉坐在另一张餐桌前，这时一群骑摩托车的人停了下来，

在阴凉处一边休息，一边喝着他们喜欢的酒。她一直观望着这些脚踏军靴、身着无袖牛仔夹克、刺满文身的人，直到他们坐上摩托车，发动引擎，向前急驶而去。后来她告诉我，在那一刻，她脑子里想的是：要是我也能骑车驶向天际，抛下养育孩子的负担，会是怎样呢？莎拉不是真的想要抛弃这个家，但是回到当时，由于对养育孩子这件事感到极度气馁，她的脑子里竟闪过了那样不理智的念头——这不禁让她感到害怕。

我带孩子们回来，先让他们上了车，然后走到餐桌前，与莎拉聊了起来。莎拉告诉了我她刚才的内心活动，她觉得自己真是受够了，而后，我们沉默了大约有一分钟的时间，感觉却像是经历好几个世纪那么长。作为家里的男人，我觉得是时候说点什么了。我想试着开个小玩笑，缓解一下气氛，比方说："你怎么敢自己一个人走！要走也得带上我！"但是看到莎拉脸上的表情，我却怎么也说不出口。在返回车子的路上，我们继续着尴尬的沉默。我能看出她内心深处痛苦不已。莎拉耷拉着肩膀，两眼含着泪水说："我真是拿孩子们没办法，我觉得自己很失败。"

我尽力说一些安慰的话，但是莎拉依然一脸木然。我知道，那一刻，她觉得自己彻底失败了；说实话，我也颇有同感。

最近，当我们再次探讨这件事时，莎拉承认："直到事后很多年，我才肯向朋友们说起这件事。我当时一心只想要放弃，为此我内疚极了。"

听过我家的故事之后，相信你也能从自己身上找到类似的故事。我记得有一个年轻的母亲参加了我主办的家庭疯狂怪圈研讨会。会议结束后，她过来找我，告诉我当天早些时候，她的三个孩子实在是闹得厉害，最后她忍不住问自己九岁的儿子："你想要见到上帝吗？"还没等孩子回答，她又说，"因为如果你再闹下去，你现在就会见到他！"

很多时候，当孩子调皮、不听父母的话时，父母感觉不到孩子的尊重，就容易冲动恼怒，说出不理智的话来，或者做出不理智的事情来。

父母被气疯，大多是由于儿女的不尊重

当然，这位母亲并没有真的打算做一些极端的事情，但是她当时真的到了无计可施的地步，不得不说一些狠话，表明自己的态度，就像是当时的莎拉，闪念之间想要骑上哈雷摩托，抛下家人独自离开。我们都知道这是什么感觉。

但换个角度说，要是孩子能够听话，当家长也太容易了吧，哪里会有这么美好的事。

所有家长都知道养育孩子并不容易，为此，家长总是花时间花精力琢磨孩子为什么会胡闹，但不管家长怎么做，孩子们只会胡闹得更厉害。

对此，我有什么建议呢？

首先，不管发生什么——无论是小吵小闹、激烈争吵、突然

发怒，还是没完没了地抱怨——不要害怕承认："家庭疯狂怪圈已经启动。"

请注意第一页的家庭疯狂怪圈图表：

如果家长不爱孩子，或是孩子感受不到家长的爱，孩子就会做出消极的反应。当孩子总是不听话，或是调皮捣蛋时，家长就会觉得没有受到尊重。家长在得不到孩子的尊重时，就会做出消极的反应，而越是这样，孩子就越觉得家长不爱自己，自然也会变本加厉，做出叛逆的行为——发牢骚、懒散拖沓，尽其所能让家长知道，自己感受不到家长的爱——这种情况会循环往复。

对于我们一家在旅行途中经历的不愉快，我不认为孩子们会为此觉得家长不爱他们，孩子们只是在车里的时间太长了，这让他们心情不好，于是忍不住闹些别扭：乔纳森想要看书，乔伊想引起乔纳森的注意，而乔伊的纠缠不休惹怒了乔纳森。大卫之所以生气，是因为，在他画画的时候，乔伊推了他胳膊，弄坏了画。

闹别扭没什么错，孩子都是如此，但问题在于，当我们一再要求孩子们别闹了的时候，他们却置之不理。当孩子不听话时，父母多少会觉得没有受到尊重，我和莎拉也是如此，我们觉得自己的威严受到了侵犯，但是又不知道该如何应对。

如果陷入怪圈，家长应该怎么做？

由此我们发现，当家庭疯狂怪圈启动时，家长有必要问自己三个问题：

　　1. 孩子是否感觉没有得到爱？

　　2. 我是否觉得没有受到尊重？

　　3. 我究竟应该如何引导教育孩子？

　　在"家庭疯狂怪圈"这一部分中，我们探讨了前两个问题。至于同样重要的第三个问题，我们将在第二部分"家庭充能圈"和第三部分"家庭回报圈"予以讨论。因此，让我们深入剖析一下，到底在什么时候、什么情况下，孩子会觉得自己缺少关爱，而又是在什么时候、什么情况下，父母会觉得没有受到尊重。

　　在此必须先澄清一件事，很多时候孩子不听话，并不是因为他们觉得"缺少关爱"。孩子不听话，完全有可能是因为他幼稚、不负责任、任性，甚至是存心想要反抗家长。孩子只是不开心，没有得偿所愿，他想要让你知道这一点，所以故意捣乱。而另一种情况，则确实是出于"索取关爱"的需求，可能他索要关爱的方式很幼稚，很笨拙，但是他真的需要，因为父母正是他获取关爱的主要来源。

　　在乔伊五岁左右的时候，有一天她表现得很烦躁，并且声称这是因为她生病了。乔伊想让我躺下来陪她，而我当时正忙着一件工作的事，即便如此，我还是压制住烦躁，决定陪她躺一会儿。我们躺在一起时，乔伊对我说："给我一个拥抱吧。"我回应道："原来这才是你烦躁的真正原因，你只是需要爸爸的爱呀。"

我怎么也不会忘记乔伊的回答："要不然呢，你早该明白我想要什么。"我拥抱了乔伊，实际上还不止一次，之后她的"病"立刻就痊愈了。几分钟后，她便高兴地跑去玩耍了。

那一天，我受益匪浅，它对我之后养育乔伊以及她的两个哥哥——乔纳森和大卫起到了很大的帮助。每当孩子提出要求时，即使我下意识地想要拒绝，也会问自己："孩子是否觉得缺少关爱？"我认识到了这个问题的重要性。但是，我也开始思考早年在我脑中不停打转的另一个问题："我是否觉得没有受到尊重？"我知道，自己在过去的日子里一定曾经觉得没有受到尊重，但我不确定自己是否应该具有这种想法，因为作为一个成年人，我本该成熟一点。我想知道，是否只是我太过矫情、自私，不够宽容。或许孩子只是在耍孩子气，而我却太过以自我为中心，太过敏感。

困在怪圈中的孩子和父母

当家庭疯狂怪圈首次出现，孩子表现出消极的一面时，我们心中难免冒出以下想法："孩子居然不尊重我""孩子就该听父母的话""不行，我必须要制止这件事"。父母出于本能地认为，孩子应该尊重他们。甚至认为如果孩子小时候不尊重父母，长大后就更不会孝顺了。

或许，正是因为这样，所以身为父母者，反而会备感压力，

恼怒："那就立刻成熟起来！"

虽然那一幕是为了搞笑，但也说明，彼得·潘确实不能很好地管教孩子。我父亲有着和彼得·潘一样的性格，当孩子不服管教，他先是感到泄气，下一秒就会被激怒。

我还清楚地记得这样的一幕：在我还不到三岁的时候，我目睹了父亲试图勒死母亲的场景。我向父亲冲了过去，开始用自己的小拳头捶打他。他一巴掌就打在我的脑袋上，我一下子倒在地上，开始痛哭。他放开了母亲，后来母亲也哭了。这一幕，以及其他一些事情，时常会让我不禁自问："爸爸到底爱不爱我？我究竟是不是他亲生的？"

随着时间的推移，我长大了，但父亲对待我的方式还是一如既往，这让我坚信他并不爱我，作为报复，我表现出对他的不尊重。我不明白这一切为什么会发生，但是实际上，我真的很努力地想要让父亲明白，我需要他的关爱，但父亲总是无动于衷。

记得小时候，为了讨好父亲，我曾试图帮助父亲装修房屋，但当我没有达到他的要求时，他还是被激怒了。至今我的脑海中还会响起他的话："你真是没用！一点也指望不上！"在我的童年时光里，父亲总是这样让我不知所措，我觉得自己做什么都是错的，感到自己总是被他排斥。

由于父亲的缘故，直到十一岁，我还在尿床。每当我向母亲诉说自己的痛苦、沮丧，以及对父亲的愤怒时，她总会说："其实，他也不知道如何做一名好父亲，在他三个月大的时候，他父亲就去世了。一个从来没有感受过父爱的人，怎么知道如何做父亲呢？"

在母亲的安慰下，我才度过了童年的那段岁月。但是当我进入青春期后，母亲也能够清楚地看到，我和父亲的关系，严重影响了我的成长，所以她想送我去军校。父亲并没有反对，我推测这是因为，他料到如果把青春期的我留在身边，必定会产生更多争执。

由于我受到过伤害，因此，我特别能理解，一个孩子觉得父母不爱他时，内心所经受的挣扎。对于那些同样受到冷落的孩子，我尤其能感同身受。正如克尔凯郭尔所说："他的心很年轻，年轻得足以不曾忘却那种恐惧和战栗，那种被训斥的恐惧和战栗。"幸好，母亲给了我温暖的爱，让我的童年时光不那么难熬。

也正是因为那段童年时光，我明白了一个道理——孩子有时并非存心不尊重父母，而是觉得自己受到误解，得不到关爱，才会做出那样的反应。

既然能教导别人，为何不能教导自己

然而不幸的是，明白道理是一回事，做起来又是另一回事。当我成了一名家长，我却没能像自己想的那么理解孩子。记得儿子大卫十岁的时候，我受邀去一个夏令营中做演讲。我正为演讲做准备，大卫却一直闹个不停，缠着我和他去做某件事，但我根本就没时间。我清楚记得当时的感受：这个孩子是存心要违抗我，他是故意让我难堪的，因为我没有如他所愿。

我把大卫带到车里，希望能够跟他讲道理。他坐在后座上，而我坐在前面，我试图让他开口，但是他始终沉默着不说话，这愈发让我觉得他不尊重我。最终，我忍无可忍，狠狠地数落了他，责骂他不尊重家长，但是我的做法适得其反，大卫只顾盯着窗外，毫无悔意，也根本没有要道歉的意思——他只是沉默着。几分钟后，我的演讲就要开始了，我只能让大卫跟我进了礼堂，并且尽我所能完成了演讲，但在整个过程中，我的挫败感足有一座山那么高，我连自己的孩子都教不好，竟然还站在这里演讲？有意思的是，虽然我至今对当时的场景历历在目，但是大卫后来却什么也记不起来了，他不觉得那件事对他有丝毫影响。由此看来，一些我们时常耿耿于怀或心怀愧疚的事情，孩子却不一定会记得，同理，也会有一些孩子觉得不公平或者受到了伤害的事情，我们却完全不记得。

让我们回到我与大卫的那场僵局，大卫并没有认为我不爱他，他只是觉得受到了冷落，想和我在一起待会儿。如果当时我意识到了这一点，能够采取不同的处理方式，我们的冲突是否就能避免呢？我不敢肯定。以大卫当时的年纪，可能还是会吵闹不休，但有一点却是可以肯定的：愤怒地指责他不尊重我，并不能让他向我敞开心扉。

我和莎拉在很多时候都曾误解了孩子，以为他们不尊重父母，因而斥责他们。当我和莎拉讨论过往发生的这类事情时，她会说："在遇到这类事情时，我们总是不能冷静应对，不能尝试解读孩子的行为。我们总是还没来得及思考，就立即做出反应，从来都不会在行动之前，多花几分钟整理思绪，平复情绪。"

　　莎拉说得没错。我们有时真的会颠倒做事的顺序，先射击，再瞄准，最后才想起做准备工作。我们太紧张了，以至于总是冲动行事，我记得自己对莎拉说过："我们应该多向我母亲学习，她在说话或者行动之前，都会保持镇静，深思熟虑。"

　　和大卫在夏令营的那天晚上，我原本可以更好地解读他的行为，但是，那时的我并没有现在的觉悟。后来通过不断地摸索，我才懂得，只有成熟的人，才能教育好孩子。解读是一门艺术，在本书的第2章，我们将进一步探讨，如何做到这一点。

第2章
终止家庭疯狂怪圈（上）：解读

　　我的儿子大卫二十多岁的时候，在少年棒球联赛担任教练。有一天，一位小队员的父亲醉醺醺地出现在棒球场，当时他八岁的儿子正在寻找丢在中场位置的一块镜片。这位父亲晃晃悠悠走到场地，开始朝着儿子大喊大叫，责怪他丢了镜片。

　　大卫暂停了比赛，然后和其他选手一起去中场，帮忙找镜片。但是，这位父亲却不停地用言语威胁和辱骂他的儿子。随后，他攥起拳头，冲着小男孩的脸就是一拳，孩子立马倒在地上。而那位父亲未等有人上来与他理论，便转过身去，醉醺醺地走出了场地。

　　小男孩躺在那里，目瞪口呆。然后他坐了起来，强忍住夺眶而出的泪水，拼命不让眼泪掉下来。大卫立刻走到孩子身边，伸手搂住了他，轻声说："不要担心，你只是不小心弄丢了镜片，我们肯定能帮你找到。一切都会没事的。"听到这些话，小男孩突然痛哭起来。

大卫跟我说起这件事的时候，我的心都要碎了，之后每当提起这件事，我的心里还是会难过。

你还记得自己八岁时的样子吗？

我想，你肯定会有些印象，但不会全然记起。八岁的年纪，还不懂得分析与判断，遇到被父母当众训斥的事情，内心一定是迷茫的。小男孩会在脑海中留下"丢镜片是件很糟糕的事"的印象，虽然他知道自己并不是故意的，但是在那样懵懂的年纪，他又怎能明白，调查事情的原委，对于判断一个人是否做了坏事有多重要。当看到父亲发了那么大火的时候，他除了认定自己一定做了很糟糕的事外，还能有什么想法？唉，天知道这个孩子那一刻心中是多么不安。

我们要永远记住，我们的孩子"还只是孩子而已"。

心有沮丧，必是受到了伤

你可能会问，上文故事和我所说的解读，也就是父母摆脱家庭疯狂怪圈的首要任务，又有什么关系呢？毫无疑问，这位醉酒的父亲在那样的状态下，是没有能力解读任何事或任何人的。但是，我以小男孩作为例子是想强调，孩子是多么需要父母的关爱，以及父母为什么需要不断地解读孩子，即使当他们觉得孩子不尊重他们时，也得先弄清状况，再判断是非。不管发生什么状况，我们首先要问的是："究竟发生了什么事？为什么会这样？"

表面看来，问题在于小男孩丢了镜片，但是当父亲开始大声斥责他，并将他打倒在地时，最根本的问题才浮出水面：小男孩心里一定觉得"爸爸根本就不爱我"。

小男孩丢了镜片后，起初只是惊慌，而经历了那件事之后，他又添加了痛苦。上天让他来到这个世界，是为了让他感受爱，他本该受到珍视，获得重视，但是他却觉得，世界上并没有人爱他。而他之所以忍住泪水，是因为他怕自己一旦哭了，情况会更加糟糕，比如会引来众人的斥责——就像他父亲那样。

这个时候，有人搂住了他，并且告诉他："不要担心，你只是不小心弄丢了镜片，我们肯定能帮你找到。一切都会没事的。"

听到这些话，小男孩突然痛哭起来，这就是爱的力量，也是尊重带来的结果。每个人都渴望获得爱与尊重，即使自己只是个小孩子。

这个受到父亲虐待的孩子的故事，捕捉了一个人们无法想象，但又极度恶劣的不幸事件。我提起这个故事，并不是因为我认为你身上也有这位父亲的影子，而是因为小男孩的遭遇，深深地提醒着我们，孩子的心灵是多么珍贵、脆弱，并且容易受到伤害。

孩子心灵受挫，内心忧伤是件很严重的事。在我们的教子名言里有一句："你们做父亲的，不要惹怒儿女。"为什么这么说呢？因为你这样做，可能会使孩子失去信心。"失去信心"这个词意味深长，因为它恰如其分地描述了，孩子在心灵受挫时的真实状况。你可以从他们耷拉的肩膀、沮丧的面容，以及生无可恋的神情得知一切。

　　你不必动手打孩子，仅仅是通过语言或表情，就能让他泄气。比如，你可以说出严厉的话，露出凶狠的神态，甚至做出善意的告诫，比如"你怎么就不能像你姐姐一样，成绩好一些呢？"仅需如此，便可让孩子感到沮丧。身为父母，我们必须时常警惕，不要因为自己的情绪不稳定，不要因为生气或者发火，让孩子在挫败中感到沮丧，失去信心。孩子脆弱的心灵一旦受到打击，在困惑中不知道如何取悦家长，他们就会拒绝敞开心扉，甚至索性拒绝与所有人沟通。所以，当孩子失去信心之时，父母也就失去了孩子的真心。

　　当然，心灵遭受打击的孩子，有一些在伤心难过中会变得灰心丧气、失去希望和信心，但也有一部分孩子却会感到愤怒而非难过。

　　在我们西方的教子名言里，有一句话使用了 athumeo 这个词，意思是"沮丧或失去信心"。换句话说，父母容易让孩子气馁、放弃或沮丧。但在另一句名言中却使用了复合词 Parorgizo，这个词的原意是"惹人发怒"。由此我们可判定，两句话描述了遭受打击时儿童截然不同的两种反应：一种是愤怒 / 心怀怨恨的孩子，另一种是沮丧 / 泄气的孩子。在心理上，我们要应对的是，握着拳头愤怒的孩子，或者耷拉着肩膀沮丧的孩子。第一类孩子在愤怒中爆发，第二类孩子则因挫折而沮丧。不理智的家长激起了第一类孩子的愤怒，也会让第二类孩子在失败中崩溃，喃喃地说："我做不到……我真的做不到。"在极端情况下，第一类孩子会愤怒地踢墙，好似要杀人的样子；第二类孩子则会坐在地上哭泣，仿佛想自杀一般。

母亲以为我对父亲的怒气，足以让我痛下杀手

当孩子心里感觉没有得到父母的爱，唯一的后果就是沮丧吗？

不，还有愤怒，而这一点，常常被我们忽略。有些孩子并未表现出沮丧，但是他们会爆发出反抗。

我曾无数次地回想起，自己被父亲激怒的情景。现在回过头来看，我确定那并不是他的本意，实际上，父亲是一个很善良的人，但是他的脾气反复无常，让我常常感到愤怒。

有一幕场景令我印象深刻：我走进了厨房，母亲正在做饭，我从抽屉里拿出一把巨大的切肉刀，然后告诉她，我要去另一间屋子杀了父亲。尽管我当时故意弄出各种声响，以显现自己的男子汉气概，但我真的只是在虚张声势。我很生气，但并不是真的想要杀死父亲。

当然，母亲吓坏了。我之前从未见过她那样慌张和恐惧，她的表情让我害怕。我意识到，自己让母亲的情绪接近崩溃，所以，当她让我交出刀时，我照做了。

在我的记忆中，父亲和母亲从来没有跟我谈起过那件事，或许母亲从未告诉过父亲，她后来也没有问过我当时的真实想法，

这件事慢慢成了我的一块心病，让我觉得在他们心中，我的想法并不重要。我常常想，如果父亲能够看出我的愤怒，并且主动对我说："我能看出你在生我的气。让我们来聊一下，说说我做了什么，让你这么伤心生气。"若是这样，结果又会如何呢？

而今，我已经忘记了当初愤怒去拿刀的原因，但是种种感受，却至今难忘。

得不到爱的孩子会怒火中烧，他们也许会将愤怒隐藏在内心深处，纵然表面上冷静下来了，但当怒火再次降临时，他们就会不顾后果地爆发。新闻中经常会报道，某个孩子——通常是青少年——带枪去学校，随意射杀同学和老师的事情。大多数生气的孩子，是不会做出如此极端的事，但可能性总是存在的。对于这类事件，虽然孩子的父母并不是直接责任人，正如本书第三部分"家庭回报圈"将说明，除了受父母的影响之外，孩子是如何自己做出抉择的。但尽管如此，教子名言明确地告诫："你们做父亲的，不要惹怒儿女。"作为父母，我们必须谨记。

虽然父母不必担当孩子的错误，但也应该意识到，父亲犯了错会使子女的成长受到负面影响，甚至影响三四代人。因此，父母教育孩子的方式很重要，它势必会造成短期甚至长期的影响。

好吧，让我们放轻松

得知自己的行为会在情感上摧毁孩子，甚至会将他们送进监狱甚至地狱的时候，家长都吓坏了。但光目瞪口呆是没用的，不管怎样，请先深呼吸，让我们放轻松。

生活中总会有一些事，让孩子沮丧或生气。事情发生后，孩子觉得没有得到爱，父母觉得没有受到尊重，在两败俱伤中，也让很多小事情发酵成了大问题。当家庭疯狂怪圈开启时，不管你是否同意，这件事都会变为问题。请记住，解读的第一步是，从两个层面上辨别到底发生了什么：

1. 孩子心里想的是什么？
2. 我心里到底又是怎么想的？

为人父母，要试着通过孩子来了解自己，也要试着通过自己来了解孩子。

当孩子感到沮丧或爆发时，家长必须问自己："孩子是不是觉得没人爱他？"当父母感到沮丧或爆发时，家长要问自己的是："我是否觉得自己没有受到尊重？"

如果孩子的行为惹怒了家长，作为家长必须后退一步，审视局面，然后问自己："为什么孩子的行为会让我感到心烦，孩子又为何会心烦呢？为什么一桩小事会变成大问题？"一开始，孩子或许只是拒绝上床睡觉，或是夜里很晚才回家，但是之后，事情会迅速升级，成为深深打击孩子和父母的严重事件。

事例：如何在解读时辨别

当一件事成为问题时，关键是要明白一点：孩子心中想的，与父母想的完全不同。但归根结底问题在于孩子觉得没有得到爱，父母觉得没有受到尊重。让我们看看三个不同的场景，分析事情是如何升级为问题的。

当妈妈要求一个四岁的女儿结束游戏，必须去睡觉时，她生气地跑去另一间屋子，找到玩具箱，拿出了泰迪熊和洋娃娃。她的妈妈追在她身后，抓住她的胳膊，大声叫嚷："不行！不能再玩了，你该睡觉了！"妈妈拎起又哭又闹的女儿，将她带回卧室。

当这位母亲将孩子放在床上后，她累得上气不接下气，喃喃地对自己说："为什么这孩子总是让人为难？为什么她就不听话呢？"

这原本只是一件小事——孩子到了该睡觉的时间，家长要求孩子暂时不要玩了，结果事情却成了问题：母亲觉得很失望，感到精疲力竭。之后这位母亲又想到一个问题：为什么女儿不照我说的去做呢？为什么她不听我的话呢？同时，这个只有四岁的小女孩也很伤心，在床上大声叫道："你根本不爱我！"然后她在哭泣中睡着了。

一位父亲责骂了自己十岁的儿子，原因是儿子将棒球扔到了沙发坐垫的空隙里。就在几天前，这位父亲便告诫过儿子不要在家里扔棒球。男孩表示："我忘记您说过这件事了。"他的父亲大嚷道："你撒谎！如果你再说谎，下午的少年棒球联赛你就别去了！"

从孩子灰心丧气地瘫坐在沙发上的那时起，事情便不只是在房间内扔棒球那么简单了。这变成了一个爱与尊重的问题。我为什么会这样说呢？父亲冲儿子发火的原因是，沙发旁边放着价格不菲的灯，他怕儿子打碎灯。况且在几天前，父亲已警告过儿子，他不相信孩子真的就忘了。他认为孩子在说谎，这种不诚实简直要逼疯他，父亲觉得孩子不尊重自己，所以父亲发火了。另一方面，孩子觉得自己没有受到公正的对待，父亲不爱自己，所以儿子感到很沮丧。儿子含着眼泪，靠在沙发上，他觉得父亲坏极了，竟然认为自己在说谎。

让我们再看一个例子。一位母亲因为十五岁的女儿没有收拾房间，就冲着女儿喊叫，而女儿也不甘示弱，嚷得更大声。事情发展到这个地步，就不再是没有整理房间那么简单了。女儿感到愤怒，因为母亲还把自己当小孩，干涉自己的生活。而这位母亲又作何感想呢？她觉得孩子一点也不尊重自己，因为这已经是她这个星期第三次提醒女儿整理房间了。母亲认为，"作为儿女，要听从父母"，但她的责备却让女儿更加无礼，因为此时，家庭疯狂怪圈已经开启了。

以上是三个典型的场景。也许就在今天早上或者昨天晚上，你也经历了相似的事情。解读的第一步，就是留意到孩子的沮丧或愤怒。接下来，你要问自己："孩子会不会觉得我不爱他？"同时，你也要认识到，或许你自己也被沮丧或愤怒蒙住了心智。当你认识到这一点时，你要问自己："我是不是觉得孩子不尊重我？"

不要害怕承认，你觉得孩子不尊重你

作为父母，别不好意思承认："没错，我就是觉得自己没有受到尊重。"有些父母认为自己是成年人，所以必须控制好局面，一定不能承认事情出了差错。而我认为，更好的做法是认清发生了什么事（解读），然后承认现实。你很愤怒，觉得没有受到尊重，这很正常，没什么丢人的，就如我们的那次家庭旅行直转急下时，莎拉在休息点想的那样："为什么孩子就是不听话，我真是一个差劲的母亲。"

当我们承认自己感到不被尊重，并且认识到我们正处于家庭疯狂怪圈后，接下来就是采取行动的时候了。我们该怎么做？让我们回头看看上文的三个例子，先谈谈那个十几岁的女孩，最后分析那个学龄前的孩子。

我经常会和一些父母聊天，这些父母都曾与自己十多岁的孩子发生过冲突，但是他们却不知道冲突的原因是什么。这听起来不可思议，但是我对此却深有同感，因为我家的三个孩子处于青春期时，我也曾有过相似的经历。身为父母，只要看到处于青春期的孩子或一脸冷漠，或怒气冲冲地面对我们时，我们的心里就会忍不住想：这些孩子本应该尊重父母的，他们怎么可以像现在这样！于是，孩子惹怒了你，而且这种情况不断上演。

这时，你的第一个念头大概就是，冲上去责备孩子不尊重父母。但是，你自己可能也已经意识到，那样做并没有用。现在，是时候该解读你的孩子，了解一下他们内心的想法了，这样能有效避免矛盾升级。你可以问一下自己："孩子究竟是真的不尊重我，还是他还不够成熟？"毕竟，青少年通常只专注于自己的想法和欲望，并不太在意其他人的感受。

因此，尽管可能很难，但你必须后退一步，问问自己："孩子的行为，是不是符合这个年龄段孩子的特征。"记得要保持诚实，当你不再被怒气充斥内心时，也许会发现问题的答案是："是的，的确如此。"

你要问自己的第二个问题是："我能保持冷静吗？我是否不假思索便认定孩子不怀好意，故意不尊重我？"即使你处在盛怒中，也需要深吸一口气，提醒自己孩子总有一天会成熟起来，会关心他人的感受。

我承认，当你觉得孩子不尊重你时，考虑这些问题并不容易。但是如果你想要摆脱家庭疯狂怪圈，你就必须这样做。不要一感觉自己受到冒犯，就认定你的孩子不尊重你。尤其是，千万不要因为孩子没有整理床铺、衣服散落在地板上等这样的生活细节，就认定你的孩子不听话，不在意你的想法。在这种情况下，最好先假定孩子是无辜的。

　　让我们回到之前的事例，那位十五岁的女儿可能原本要整理房间，但是她正好收到了朋友的短信，内容是关于学校新来的一个帅气男生，而那位男生又是她心仪的对象。当然，孩子们发起短信来通常会你来我往，没完没了，比起收拾毛衣，或者把脏衣服放进收纳筐，她们肯定对聊天更感兴趣。没错，在某种程度上，我们可以说女儿没有承担属于自己的责任，她既不成熟，又以自我为中心，但是这些并不能说明她不尊重父母。

　　请相信，我还清楚地记得，几年前我也有着同样痛苦的经历。当女儿十多岁时，我时常觉得，如果邻居家三岁的孩子去了乔伊的房间，屋内的一片狼藉准会让那个小孩迷路，到时候就是派出一支搜救队也得花两天时间才能找到人。我一度考虑把衣架钉到地板上，那样所有的衣服都会好似挂了起来。但是你猜怎么着？现在的乔伊已经出落成一个成熟能干的年轻女性，她再也不像以前一样生活，至少大多数时候是这样的。

　　我说这些，并不是让你对孩子的无礼行为视而不见。但是很显然，尽管当青春期的孩子表现出不负责任、不成熟或者以自我为中心时，你必须要采取行动，但是，依然要尽可能地保持耐心。如果你已经和孩子有了约定，而且她也知道你期望她能让房间保持整洁，那么你就该提醒她，让她解释为什么没按约定去做。如果你事先已和女儿商量好了违反约定的后果，那么提醒她这些后果是什么，比如不收拾房间就不能打电话。至于你是否这次就要执行约定，完全取决于你。（关于如何应对孩子不负责任的行为，更多内容请阅读第 7 章：管教）

莎拉和我的一条经验是：要给予孩子成长的机会，让他们学会自己对自己负责任。你越是能够尊重孩子不断增强的独立意识，孩子越能感受到你的爱。当孩子十多岁时，他们不仅需要你的爱，也日益需要你的尊重。所以，让他们知道你的期望，并执行你们的约定，这不失为尊重孩子的一种方式。迁就孩子不负责任的行为，并不意味着尊重，也不利于增进你们之间的信任。当孩子步入青少年阶段，很快就能学会什么是爱与尊重，就像你年轻时那样。当你还是个少年或少女时，心中一定也冒出过这样的念头："你们为什么就不能尊重我的想法？为什么就不能信任我呢？"（详细内容请查阅第 10 章：粉色的教育与蓝色的教育）

下面，我们说说那个十岁男孩一再将棒球扔进沙发坐垫的事情。如果你恰好也有一个接近青春期的儿子，一定对这样的场景感同身受。如果你对着孩子大喊大叫，威胁不让他去参加棒球比赛，那么也就意味着，家庭疯狂怪圈正在启动。不如在发火前先停下来，不要任由情况失控。你需要做的，是当场对孩子的行为进行解读。

没错，你的确提醒过他不能在家里扔棒球玩，而他也确实没有按你说的做，但这并不代表他是故意在和你作对。或许，他一时兴起忘了你的要求，这种情况很有可能发生。他不是想公然违抗你，对你不敬，他只是还不懂什么叫作不负责任。十岁的孩子通常只顾自己，一心想着扔球玩，就忘记了你的话。对于孩子的错误，自然需要受到严厉的管教，但是如果你大声呵斥孩子，说他是个骗子，那么只能让家庭的疯狂怪圈持续下去，两败俱伤。

至于那个总想继续玩耍，不愿睡觉的四岁女孩，在这种情况下，我倾向于支持母亲的做法。面对女儿的失控行为，母亲要做的应该是去追赶抓住她，然后将她带到床上。要不然，难道还要任由孩子随心所欲吗？当然不能。在这种情况下，母亲必须赢得这场意志的较量。

女儿哭泣着进入梦乡，母亲该对此感到愧疚吗？大可不必。但如果母亲因为女儿不听话，就该觉得孩子不尊重她吗？那就更没有必要了。小女孩才四岁，说她幼稚不懂事，那是名副其实，但并不见得她就是在不尊重父母。

从女儿的角度来说，在哭泣中睡去的她，是否觉得没有得到关爱呢？也许是这样，但更有可能，孩子只是在自怨自艾。别忘了，她才四岁，而且还有点任性，她喜欢随心所欲，而得不到满足与感受不到爱，是两码事。

我对此的看法是：当你开始解读孩子的内心世界，就会发现自己的世界，也与从前不再一样。你不会一看到床铺没有整理、棒球在客厅乱飞，或者让他睡觉他却不睡时，就立马认定他在故意不尊重你。而是会分析事情的合理性，并找出应对之法。判断孩子的想法很重要，不管是对待哪个年龄段的孩子，如果你做出错误的推断，那么你肯定会感到愤怒，而愤怒之下做出的反应多半过激。你怒气冲天，孩子也委屈得眼泪涟涟，认为你不爱他，然后他的反应，只会愈发让你觉得他不尊重你。事情发展到这个地步——不论是没有收拾房间、不负责任地乱扔棒球，还是拒绝睡觉——情况都已经恶化，家庭疯狂怪圈开始高速转动，发出赫赫风声。

在激烈对抗中，保持镇静

父母看似没有爱心的反应，再加上孩子或沮丧或愤怒的应对，让疯狂怪圈越转越快，仿佛一出闹剧。想让闹剧落幕，最好的方式就是，父母相信孩子只是不成熟，只是以自我为中心，并不是故意表现得不尊重家长。而在调整想法的时候，行为上也要注意保持镇定，尽可能避免以下行为：

· 冲孩子大吼大叫，进而导致孩子也反过来冲你大吼大叫。

· 朝孩子发火，即使他们已气愤地坐在地板上。

· 对孩子说："你是世界上最糟糕的孩子！" 这相当于宣布我们自己是全世界最糟糕的父母。

· 告诉他们说谎会受到惩罚，却又不执行。

· 激怒孩子，让孩子失去信心。

· 在孩子噘嘴、沮丧时，自己也感到难过。

· 面对孩子的无理取闹，我们也采取不理智的行为。

· 因为孩子说出愚蠢的话，做出愚蠢的行为，我们就失去理智和耐心。

以上这些行为，是父母的大忌，对此我的看法是：如果你执意将孩子的不成熟、自私和不负责的行为视为不尊重你的表现，你通常就会做出错误的判断，继而，你强硬的态度会加剧家庭的疯狂怪圈。

如何破解这一难题？唯有爱与尊重。当我们觉得孩子不尊重自己时，千万不要因此不爱孩子，或者恼羞成怒。当孩子想要以不尊重家长的方式得到关爱时，家长一定不能针锋相对，甚至加倍奉还，希望通过减少对孩子的关爱得到尊重。我们先要做个冷静的成年人，才能当好家长，这句话千真万确。所以，我们必须以成熟的方式处理家庭冲突，当出现激烈争执时，保持冷静，克制自己。

发生矛盾时，解读是我们的首要任务，但与此同时，我们也要采取关键的第二步——采取实际行动，让孩子确信无论如何父母都是爱他的。要做到这一点并不容易，但是只要心中有爱，一切皆有可能。

在下一章中，我将会说明如何去做。

第3章

终止家庭疯狂怪圈（下）：平息风波

在第 2 章中，我们探讨了终止家庭疯狂怪圈的第一步，即解读孩子和你的内心世界。我们已经见识过，有时候一眨眼的工夫，芝麻大点的事都会演变为大问题：孩子认为你不爱他，同样地，你也会觉得孩子不尊重你。

虽然解读很重要，但是它只是终止家庭疯狂怪圈的第一步。想必大家在电影中都看到过这样的场景，定时炸弹在倒计时，主人公只有几秒钟的时间决定剪哪根线。就在最后几秒钟的时候，主人公成功拆除了炸弹，停止了引爆装置。喔唷！危险解除了！

为人父母，其实每天都处在拆弹状态。先要找到炸弹——解读为什么会和孩子启动疯狂怪圈，然后拆除炸弹——平息风波。只是，我们究竟要怎么做才能消除孩子的消极反应和负面情绪，防止陷入疯狂怪圈呢？

渴望关爱是孩子的天性。不幸的是，孩子还有一种天性，那就是当他们感受不到爱时，就会做出不尊重父母的行为。每当这种时候，作为家庭中的引领者，父母不能把自己降低到孩子的水平，而是要在高于孩子的高度上，努力平息孩子的哭泣和尖叫。

渴望得到尊重是父母的天性。同样不幸的是，父母还有一种天性，这就是当他们得不到尊重，觉得被冒犯时，就做出不爱孩子的行为。我们必须克制自己的鲁莽，避免以牙还牙。

当父母发现疯狂怪圈的源头，接下来又该怎么做呢？你可以采取以下五个步骤，让怪圈戛然而止。在第 2 章，我曾经提到过其中的几个步骤，而现在，我将给出整套策略，并列出它们的顺序，以便你作为参考。

· 暂时叫停。
· 不要想当然地以为孩子不尊重你。
· 向孩子解释家庭疯狂怪圈。
· 让孩子确信你是爱他的。
· 原谅孩子的不完美。

有时候你可能要经历所有的步骤，而在其他情况下，你可能只要叫停就足够了。这些步骤中，有些步骤的内容可能会在某些情况下重叠，但它们对于摆脱家庭疯狂怪圈确实很有用。

作为父母，我们不仅要原谅孩子的不完美，也要避免自己去追求完美。尽管我和莎拉堪称专业人士，但我们也并不是完美的父母，下面将分享一个发生在莎拉身上的故事：

有一天，我在和大儿子乔纳森谈话，他对我说："妈妈，你想要一个完美的家庭，但这是不可能的事！"儿子的话顿时让我不知所措。我从来没有说过要什么完美的家庭，但是，显然我在孩子面前无意中表现出了这种意图。我出生在一个不美满的家庭，所以我决心要有不一样的作为。但那一刻我才意识到，一直以来，我都在奢求一件不可能的事。独自一人时，我反思了儿子的话，不禁流下了眼泪。我经常祈求上天能够让我弥补错误，但是我竟奢望它能赐给我完美的孩子。

在阅读这本书时，你会知道我们并不是完美的家长，我们的孩子也并不完美，世上根本就没有完美的家庭！你应该备感鼓舞……因为你不是一个人在战斗！

当疯狂升级时，请暂时叫停

一位智者的一句话恰如其分地描述了如何平息风波："挑起纷争，如水之破堤；争吵爆发前，当搁置争议。"简单说，就是当你意识到争吵或纠纷即将升温，就要马上停止冲突，就在此刻，就在现在！然后，等所有人都冷静后，再解决问题。

当我和一些家长聊天、分析各自的家庭状况时，我确信很多人都经历过不必要的争吵，因为我们总是任由家中的疯狂升级而不去喊停。我们都经历过这些不愉快，以至于将一件小事演变得不可收拾，最后两败俱伤。此事正确的解决方式是，在矛盾爆发之前停止争吵。小孩需要回到自己的房间，或坐在椅子上好一会儿才能冷静下来，而大一点的孩子和成年人大约十分钟就可以恢复镇静。在我家，莎拉会将发牢骚的孩子们赶回各自的房间，以求暂缓局面，有时她会坦言："我想要回到自己的房间，拜托了，让我回到自己的房间，清净一会儿。"孩子们或许不理解那时那刻母亲的意图，但是当家长的应该都明白，这种做法能避免父母从生气转为暴怒。

我过去常对孩子们说："我们需要冷静一下。"因为我知道，当情绪激动时，我们便无法妥善地处理问题。所有人都需要冷静下来，怀着对彼此的尊重和爱意进行交谈。通过叫停的方式，我努力向孩子们表明，过一会儿我们便可倾听彼此的忧虑。我们有一条重要的规则，那就是，孩子在讲话时要尊重家长，同样家长讲话时也要关爱孩子，这样才算公平。

用个比喻就是，孩子开着一辆"关爱号坦克"，而我们则驾驶着"尊重号坦克"。孩子的"关爱号坦克"连有一根输油管，源源不断输送着父母的关爱，当我们踩在这条输油管上，或者他们误以为我们这样做了的时候，由于他们的坦克缺乏了关爱，就可能在激动之下做出不尊重父母的行为。及时叫停，能帮孩子们冷静下来，有礼貌地与家长展开谈话。

相应地，家长的"尊重号坦克"也连了一根输油管，输送着孩子的尊重，但当孩子将输油管踩在脚下并大喊大叫时，即使我们觉得自己受到了不公正的待遇，也需要冷静下来，怀着对孩子的爱，尽力缓解局面，终止家庭疯狂怪圈。对于有信仰的人来说，这正是该求助的时候："上天啊，请帮助我理性应对这一切，千万不要发火。"不论何时，当孩子踩到你的输油管时，请永远记得，你是成年人，作为相对成熟的那一方，你有能力选择到底是引爆感情的炸弹（当然这是下策），还是当场拆除炸弹，化解矛盾。

下面，请允许我问你一个很私人的问题：你是否有时对孩子比较暴躁？我相信，即使平常再镇定、再不容易生气的家长，也总有一些时候会情绪失控。然而，家长情绪失控归根到底是家长的问题，错并不在孩子。孩子或许是事件的导火索，但是选择权却在家长手中，我们既可以选择平息风波，让所有人恢复平静和谐，也可以选择大发雷霆，让所有人陷入家庭的疯狂怪圈。

老实说，家中的疯狂会加剧恶化，并不是因为孩子不成熟，而是因为家长不成熟。很多时候，并不是孩子惹怒了家长，而是孩子的行为让家长暴露出了暴躁的个性。我们不能要求每个家长都性格温和，但是却可以建议所有家长都学会建立新的模式：遇事不要急着生气，而是先停下来保持冷静，以此摆脱疯狂怪圈。

暂时叫停，可能是你在情绪起伏时唯一需要做的事。有时候事情就是这么简单，却很奏效。一天，女儿给我们发来信息，讲述了我们两岁大的孙子杰克逊的一件趣事。他正在玩耍，忽然，递给了妈妈一节坏掉的火车轨道，然后说道："坏了，电池。"妈妈告诉他，这种情况即使换了电池也修不好，并问是不是他弄坏的。他说是的，并说他需要暂时休息一下。妈妈问他需要多久，他说："三分钟。"杰克逊弄坏了玩具，心情沮丧，需要冷静一下。一个两岁的孩子居然知道这点，这让我的女儿很感慨："要是当父母一直都能这么简单就好了。"当然孩子并不能总是做到暂停，但是父母却必须成为家庭的保险丝，具有熔断的力量。

不要想当然地以为孩子不尊重你

毫无疑问，要想做到这一点并不容易。假使你在发火前暂时叫停，但是心里的怒气仍在，那种未受到尊重的感受仍在。所有这些，都需要等你冷静下来时好好思考。正如第 2 章中提过的，你的孩子可能是不负责任，但这并不意味着你的孩子不尊重你。请永远记得：不负责任与不尊重父母，是两码事。

尽管孩子有时会很执拗，违背家长的命令，但是做父母的不能就此认定，他们是在故意找碴儿。孩子只懂得活在当下，他们才不会在一大早起床时就盘算要怎么让家长生气。

我们要认定孩子是善意的，尽管他们有时会不听话。父母要不停地问自己："这种情况下，我是否该用爱化解愤怒？"通常，如果我们能这样做，家庭疯狂怪圈多半就无法转动起来。

在两个儿子还小的时候，当他们小打小闹时，我多半会出面叫停，将他们分开，让他们各自冷静。通常，出面叫停就能解决问题，十分钟以后，他们就会和好如初，去屋外一起玩接球游戏。之所以能化矛盾于无形，是因为我懂得不能过多介入他们的争执。我们有一句谚语："介入与己无关的争端，如同抓野狗的尾巴。"

我确信你明白突然猛拽一只狗的尾巴是件很愚蠢的事。既然如此，你为什么要对自己的孩子做同样的事？

但是，尽管我深谙此道理，但也必须承认，有好多次我也做过这样的傻事，在该叫停的时候，急切地跳出来，如同"去拽狗尾巴"，而这只会助长家庭疯狂怪圈的启动。发生这种情况通常是因为，我已经告诉他们不要再吵，但他们却不听话，因此，我认定他们是在藐视我的权威。于是，我不自主地进入"军校模式"（大学第四年时我获得了上尉军衔，属于部队的第二长官。我负责低年级学生的训练，确保他们恪守军规，受训的学员都会服从我的命令，并且尊重我，因为如果他们不服从，我有权让他们的日子不好过）。在"军校模式"下，我希望孩子们能像那些学员一样尊重我。但家庭与军校终究不同。压力让我丧失智慧，我想当然地认为孩子不尊重我，但事实上，他们根本就没有考虑我，他们只是在单纯地争吵而已。但是由于我对他们的行为做出了错误的解读，于是选择训斥他们俩或其中某一人，于是让情况恶化，最终再度引发争吵。

讲授"家庭疯狂怪圈基础课程"

当孩子们大吵大闹时，家长感到不受尊重，就会做出消极反应，反过来，孩子又会感到痛苦，觉得没有得到关爱，在这种情况下，又该如何应对呢？在一开始应对家庭疯狂怪圈时，所有人都感到千头万绪、手足无措，这时我们应该从哪里着手呢？事实上，现在正是向孩子讲授"家庭疯狂怪圈基础课程"的绝佳时机！首先，你要为自己失去冷静而道歉，然后告诉孩子："你要知道，我们正在陷入家庭疯狂怪圈。"接下来，用孩子能够接受的语言向他们解释以下道理：得不到关爱的孩子，会不尊重父母；没有受到尊重的父母，也会表现出不爱孩子。这样的结果，只会开启家庭疯狂怪圈，让所有人都不高兴。

究竟该在孩子多大的时候，我们才可以向他们讲授家庭疯狂怪圈呢？我个人的观点是，在他们能够与家长讲理，并且解释自己行为动机的时候。很多孩子在六七岁时便能做到这些，而有些孩子可能要更晚一些。凭你对孩子的了解程度，你应该能做出判断。如果你的孩子已进入青春期，或者已经成年，性别差异会成为影响他们处理彼此关系的重要因素。在我们家，两个儿子有时会以粗暴唐突的方式与妹妹说话，令妹妹感受不到他们的爱，而女儿也会以居高临下的口吻，讲一些无礼的话，触怒她的哥哥们。孩子们需要懂得，他们的关系之所以出现问题，并不只是因为他们说话的内容，还在于他们说话的方式。（详细内容请查阅第 10 章：粉色的教育与蓝色的教育）

对于孩子而言，疯狂怪圈这个概念无疑是陌生的，因而，在向孩子们讲授家庭疯狂怪圈时，首先要让他们明白，他们之所以会觉得没有人爱自己，很可能只是因为自己正好心情不好，或者刚刚度过了糟糕的一天，或者为了某件事感到沮丧甚至生气。在这些时候，他们很容易认为身边人不关心自己，不爱自己。孩子们不会耐心分析自己的难过从何而来，他们只会因此说出粗鲁的话，和做出无礼的行为，反过来让身边的人难过。有时，你可能会严厉地对待孩子，让孩子觉得你似乎并不在乎他们的感受，因此，他们会变得越发无礼和愤怒，并以此作为反击，一来二去，你们就进入了家庭疯狂怪圈。

想让孩子与你一起终止疯狂怪圈，首先就要让孩子们理解，有时父母表现出的粗鲁无礼，并不是有意为之。

我们需要让孩子理解，在无意识的情况下，父母和孩子会"踩到对方的输油管"。孩子的输油管通往"关爱号坦克"，而父母的输油管则通向"尊重号坦克"。孩子需要爱，就如同需要呼吸空气一般；同样地，家长需要尊重，也如同需要呼吸空气一般。不管是孩子还是家长，当感到自己的诉求没有得到满足时，就会不由自主做出过分的行为。

在告诉孩子关于家庭疯狂怪圈的概念后，我们可以询问孩子："当家庭疯狂怪圈开启时，我们该如何终止它呢？"孩子们都会很乐意帮助父母解决那些看起来很重要的问题，他们会积极提供解决方法，而且不少想法会让家长大吃一惊，豁然开朗。

对于稍大一点的孩子，我们则可以说得更加直接："当你表现得很无礼时，我很难对你做出恰当的回应。不如让我们先冷静一下，然后再解决手头的问题。我需要你在讲话的时候，能够表现出对我的尊重。现在，你能够有礼貌地和我说话吗？"听完这些话，孩子会很容易学着向我们表示友好，以此化解消极的情绪。

一位母亲写信告诉我：

我家的三个孩子年龄相仿，他们经常会为一些小事争吵不休。有一天，我让孩子们坐在一起，向他们讲述了家庭疯狂怪圈。我们谈了大概有十分钟，这对孩子们来说已经是极限了。今天早上，以赛亚对我说："妈妈，我和伊桑现在处于幸福圈，因为我们对彼此很友好。"接着他还说，有时他表现出友善，只是因为他想要比伊桑"更加成熟"。我笑了笑，跟他说，有时候我也会做同样的事情。

对孩子解释家庭疯狂怪圈，并告诉他们及时喊停的重要性，能帮助孩子们学会与兄弟姐妹相处，并尊重彼此。只是，这个工作并不是一天就能完成的。实际上，在孩子成长的过程中，你需要不停地去做，从他们入学前一直延续到高中甚至更久。从这个意义上讲，家长要将自己当作一名教练，不厌其烦地重复和练习同样的动作和技巧。

让孩子确信你爱他

家长深知自己对孩子的爱一直坚定不移，但如果孩子感觉不到这一点，那么家庭疯狂怪圈就不会停止。尤其对年幼的孩子来说，他们容易被吓到，而我们却未必知道。小孩很敏感，他们会将家长的消极反应解读为厌恶，甚至是憎恶。家长知道自己愿意为孩子做任何事情，但孩子可能会认为，我们对他们毫无感情，正想尽办法要摆脱他们。

我总是强调父母的消极反应，这样做的目的就是提醒我们不要将其忘记。风波，从本质上讲就是一个消极的过程，而平息风波，是指我们可以朝着积极的方向去努力。孩子是因听觉而信任的生物，这意味着他们只相信自己听到的内容。因此，当教育孩子时，很重要的一点是，我们要从言语和肢体上表现出对孩子的爱。这些都是能让孩子（尤其是年幼的孩子）感到安心的举动，可以迅速终止家庭疯狂怪圈。

上天赋予了我们爱的能力，因此，我们也必须向孩子展现爱意。如果我们对孩子的爱足够强大，足够深厚，谁又能抵挡我们呢？

只是，有个问题似乎一直悬而未决，那就是，当我们向孩子表明自己的爱时，我们是否该压抑自己的真实情感？比如伤心和气愤？我认为，我们没必要百分百隐藏，我们完全可以在适当地表达沮丧的同时，说一些让孩子确信你是爱他的话。关键是，我们一定要想方设法表达出爱，在表达爱时，我们会不由自主变得温和。例如，家长可以直视孩子的眼睛，说出自己真实的感想：

· "尽管我很爱你，但是在我告诉你要做什么，你却没有做时，我觉得很难过。"

· "你知道我是爱你的，但是我无法接受你的行为。"

· "我爱你，但你也太让我失望了。你既没有收拾床铺，也没有穿好衣服，甚至连按时吃早饭也做不到，而且这种情况都持续三天了。今天我不得不让你先回楼上，收拾好床铺，穿戴整齐，然后再来吃饭。我很抱歉，但到时你就得吃凉了的鸡蛋了。"

看，表达爱和表达情绪，并不是水火不能相容。

不过，在和孩子打交道时，并不是只有这样挑战成功的好时候，在某些情况下，我们难免情绪失控，或者表达不当，让孩子产生反感。在那种时候，家长应该怎么办？

很简单，只要家长能向孩子道歉，就能平息孩子的负面情绪。一位父亲的来信很好地说明了这一点：

儿子四岁大的时候，有一次他想帮我把冰激凌装盘，当餐后甜点。我对此并不热心，因为冰激凌冻得很结实。即便如此，我还是让儿子站在橱柜旁的凳子上，然后打开冰激凌的盒子，把勺子递给了他。儿子很用劲地戳着勺子，但只是插到很浅的位置，然后他拿着勺子来回地滑，突然勺子里的冰激凌飞了出去，掉在了地板上。我很不耐烦地从孩子手中夺过了勺子，然后说了一句"我就知道会这样"，接着自己动手做了起来。儿子见状一言不发，从凳子上下来，向客厅走去，一副不高兴的样子。我意识到，我应该让儿子拿着勺子，然后握着他的手，教他如何去做。想到这里，我立即去找儿子，告诉他刚才是我做错了。听到我的话，儿子突然哭起来，接着他搂住我的脖子，原谅了我。

　　这个故事给人印象深刻。四十年来，我从人们那里收集了很多故事，这便是其中的一个故事。为了做一个关于父亲的系列活动，我让读者把他们的故事寄给我。我将这些故事都编了号，但是为了保护他们的隐私，我将故事中的名字都删了。

　　严格意义上讲，这对父子并没有陷入家庭疯狂怪圈，你觉得呢？这件事中，儿子的痛苦不断发酵，直到父亲道歉时，他的情绪终于爆发了。父亲不仅及时平息了他们之间的紧张局面，而且化解了儿子心中的痛苦和负面情绪。

　　一句道歉的话就治愈了受伤的心灵。

　　我们这些为人父母的人，即使在孩子面前如同神一般的存在，但是做错事之后，也需要向孩子道歉。向孩子道歉，不会让我们感到丢人，更不会降低我们的威信，相反，真诚的道歉能加深我们与孩子的感情。没有人是完美无缺的，我们的示范，会给孩子留下深刻的记忆，当他们做了错事之后，也会萧规曹随，学会道歉。

　　父母向孩子道歉，说明父母是真诚和有勇气的，这也是爱在更高层次上的表现。正因如此，真诚的道歉不仅能获得孩子的谅解，还能拓展彼此的心灵。一位父亲在信中写道："大多数父母在犯错后都能得到孩子的原谅，只要他们能让孩子感受到真挚的爱。"重要的是，我们在请求孩子原谅的同时，也选择了宽恕，宽恕孩子无意中表现出的对父母的不尊重。对于孩子不礼貌的行为，我们一定不能心存芥蒂。我们必须放下不快，就好像这些不快未曾存在过。如果我们有所隐藏，做不到真正原谅孩子，那么只会火上浇油，让疯狂继续升级。如果你忍不住对孩子的言行斤斤计较，别忘了一点，他们终归只是孩子而已，而你，却是个成年人。

接受不完美

听完我提出的平息事态的策略后，你可能会想：这些建议听上去还不错，但现实中什么都可能发生，如果孩子就是不听话，或者他们明显表示自己就是不尊重家长，或者即使我努力想要平息事态，他们却不为所动，又该怎么办呢？

我写这本书时，儿子乔纳森曾感叹："我还记得小时候的自己，简直是场噩梦。"

"可不是嘛，你妈妈和我有时真希望那只是一场噩梦，可惜一切都是真的。"我回答道。

孩子给我们带来的烦恼并不会随着清早醒来就能烟消云散，当我觉得熬不下去的时候，我就会无时无刻不告诉自己——孩子终归是孩子。我承认，平息事态的方法并非总能奏效，一方面孩子们还不成熟，另一方面他们自己也有着倔强和缺点。

讲一个"浪子回头"的故事。从前有一位父亲，他有两个儿子：大儿子性格忠厚老实；小儿子则性格顽劣、不务正业，一次离家出走后，便杳无音信，生死未卜。就在人们都认为这个小儿子再也不会回来时，有一天，这个小儿子竟然回来了。父亲喜出望外，设宴款待宾客，载歌载舞庆祝小儿子归来。大儿子对此非常生气，并且心生嫉妒，父亲试图安抚大儿子的情绪，可大儿子还是很生气，一副拒绝服从的样子。一直以来，大儿子都对父亲恭敬服从，几年来一直勤勤恳恳地干活，但父亲从未替他举行过一场宴会。现在，他那个整日鬼混的弟弟回来了，弟弟让家族蒙羞，却受到了像英雄一般的欢迎。为此哥哥不顾父亲的请求，拒绝参加宴会。整件事太不公平了！很多人认为，故事中的父亲似乎只会火上浇油，真是一个不合格的父亲。

我并不认为这位父亲不称职，他的行为恰恰充满了爱意。他一直爱着两个儿子，并且一如既往。但是他必须庆祝，因为他的小儿子"死而复生，浪子回头"。

这突显了一个所有父母都懂的道理：孩子生而任性，他们时刻准备朝你龇牙咧嘴。父母必须意识到这是孩子的问题。没错，父母可以试着相信孩子，认定他们并没有不尊敬自己，但是我们毕竟不是圣人，有些情况下难免火大。比如，当我们试图让孩子们冷静，但他们的态度却越发消极，甚至无礼冒犯；或者是，我们向孩子表明自己的爱，为自己的行为道歉，请求他们的原谅，但他们却一副不依不饶的样子。这些情况下，哪怕我们平时与孩子的关系再融洽，也难免会紧张，即便家庭疯狂怪圈可能还不至于失控，但是苗头已经存在。

我在写这一章的内容时，曾询问过我的几个孩子："你能回想起自己被忽视、受到误解、犯傻、失控、感到灰心丧气，而我和你妈妈却没能做到缓和局面的场景吗？"

乔伊回答："当我正为某事感到沮丧时，你却反问了一句：

'我们为什么不求助一下呢？'在那种情况下，我只想向窗外扔东西！"

乔纳森说："心理咨询师家庭就曾经是我的困扰所在，我觉得你像上天一样了解我，那种恐惧感简直要压垮我，有段时间我只得硬起心肠来，跟你们对着干。还记得我曾鄙视过自己，惧怕你们，虽然知道你对我的爱是无条件的，但我还是希望自己没有出生在一个心理咨询师家庭。"

大卫回想起，无数次的冲突都是因自己"感到被误解"而引起的。

孩子们的回答表明，不管父母怎么充满爱意，真心诚意地想要化解消极情绪，结果也很可能不尽如人意。要么是我们做过头了，方法不当；要么是我们没能理解孩子真正的需求。并且，孩子通常也不是很了解自己，或者他们手足无措，不愿意接受我们的明智建议。记住，在抚养孩子的过程中，如果你发现自己没有一天风平浪静的日子，那简直是再正常不过的事了。

只要有人群存在，无论其关系如何，就会有争执存在，因为罪恶的本性——不论是孩子还是家长——都会定期展现出来，然后产生口角、争执、误解，或者一切会引发家庭疯狂怪圈的行为，我们必须想方设法化解这一切。就我和莎拉为人父母的经验来看，父母们往往太紧张了，设定的目标太高，以至于时刻都绷紧神经，无法冷静地应对不完美的时刻。

让我们接受现实吧。世间没有天堂，也不可能有完美的家庭。即便能够臻于完美，但心中的完美主义作祟，肯定不会让我们就此满足，对此我深信不疑。

　　虽然"不满足"的父母并不意味着不称职，但是我们必须明白，每个人都会犯下错误，即使是看似最纯洁的孩子，也带着罪恶的本性。所幸的是，在悲观的时候，我们可以借机与孩子谈心，告诉他们每个人都有着叛逆和倔强的本性，但我们却可以学会变得冷静。

　　莎拉想起小时候对待独自抚养自己的母亲的态度时，内心充满了愧疚。这种负疚感让她认识到自己迫切需要帮助。让人欣慰的是，只要良知尚存，我们便总能选择最佳时机敞开心扉，获得帮助。同样，孩子也会发现自己某个时刻需要倾听，只是那个时刻父母未必知道。

　　而父母需要知道的是，在抚养孩子的过程中，当孩子们明显表现出不尊重父母时，父母虽然心中对孩子有着爱，但也必须采用另一种方式——惩罚，我认为这是一个积极而并非消极的过程，而且与释放善意并不对立。缓和局面与进行惩罚，通常没有明显的界限，一天之内你可能要在两者之间反复多次。你想要缓和局势，但孩子却对你定的规矩熟视无睹，故意不尊重你，这个时候，你就必须与他们对质，纠正他们的错误，必要时还要让他们承担合理的后果。但与缓和局势一样，你要先向孩子表明自己的爱，然后通过惩罚使他们顺从。（请参阅第 7 章 : 管教）

从缓和局面到激励孩子

如果父母为了叫停家庭疯狂怪圈，努力做了很多，孩子却依然如故，我们应该绝望吗？应该放弃吗？当然不可以。父母的字典里，永远没有"放弃"二字，而是要找到对策迂回前行。即使最成功的父母也会承认，自己每前进三步，就要后退一步，他们知道，即使遭遇了挫折，他们也能重新振作，他们也明白，当自己能够接受不完美时，他们便能离目标更近一步。

了解家庭疯狂怪圈，懂得如何缓解局面，不仅可以防止家庭怪圈的产生，还会让你的家庭变得更加和睦，更加美好。在本书第二部分："家庭充能圈"中，我们将说明如何做到这一点。

love & respect in the family

第二部分　家庭充能圈

家庭充能圈

接下来的章节中，我将告诉你如何用爱与尊重的力量，进入家庭充能圈。所谓家庭充能圈，就是：家长的关爱能让孩子更尊重家长，孩子的尊重也能让家长更爱孩子。

要说怎样才能让父母更爱孩子，那莫过于能得到孩子的尊敬。孩子对父母心存尊敬，回报父母的关爱，这是再自然不过的事情了，反哺本是理所当然的事。不过，要想让家庭充能圈不停转动，家长要承担很大一部分责任，他们需要改善与孩子的关系，主动去做些什么，因为家长毕竟是成年人。

什么才是有效的育儿之道呢？我总结了十字箴言：

给予：满足孩子的基本需求。

理解：不去激怒或惹恼孩子。

指导：让孩子理解并践行天地间的智慧。

管教：纠正孩子错误的选择。

鼓励：发掘孩子的天赋。

家长要经常用这十个字鼓舞激励孩子。下文就将说明家长为何一定要这样做。

第4章

给予：不要太少，也不要太多

我八岁那年的圣诞节早晨，走进客厅时，看到圣诞树四周堆满了礼物。其中一个机器人很快吸引住了我，没错，一个闪闪发光的银色机器人，大概和我一般高。于是我便天马行空起来：遥控器会在哪里呢？有了遥控器，我便可以让机器人走路、说话并且按照我的意愿做任何事。

然后，我注意到机器人是用玻璃纸包装的，它的头和胳膊都是用硬纸板做的——它并不是个机器人玩具，而是一个貌似机器人的礼物包装。"拆开看看。"妈妈兴奋地催促我，但是我就是不想拆开。我现在有了一个机器人，我不想去破坏它！然而母亲很坚持："拆了包装，就能看到礼物了。"她完全没有意识到，她说这些话让我有多失望。仔细观察机器人后，我发现了母亲说的礼物原来是一个雪橇。母亲机智地在上面安了一个纸盒脑袋，还在雪橇柄上连接了纸板做的胳膊，那样子很像机器人，而我就真的将它想象成了机器人。在母亲面前，我就像泄了气的气球一样沮丧。我想要的是一个真正的机器人，能受开关控制，运转移动，而不是什么愚蠢的雪橇。我一脸不高兴，也知道自己这样让母亲很不开心。从那以后，母亲便再也没有做过那样的事，以免让我产生超出实际的预期，从而失望。

那个圣诞早晨发生的事情，使我得到了一个惨痛的教训：你并不总能如愿以偿。这是所有的家长都要让孩子懂得的道理：他们不能总是得到或者理应得到他们想要的东西。好事过头反而会成为坏事。

需要与想要之间，有着本质的差异。做父母的也都知道，为孩子提供他所需要的，远比满足其欲望简单，即使是那些在为孩子提供生活必需品上做得并不好的家长，其实也深谙这一点。上天赋予每位父母一颗向子女奉献的心，倘若父母不能遵循本能，履行其身为父母的职责，就会上演心碎的结局。

父母不会伤害孩子，他们只会给予孩子需要的东西。家长认为自己有责任满足孩子的基本需求，为此，他们每时每刻都悉心照顾孩子。不过，养育子女是件让人精疲力尽的事。在抚养第一个孩子时，你可能想做到尽善尽美，掉在地上的奶嘴你会用沸水消毒，但是当有了第四个孩子后，你可能只会在牛仔裤上蹭一下。

不幸的是，父母的爱并不总是那么美丽。有些父母会忽视自己的孩子，从而让孩子觉得受到遗弃。当我还在密歇根州的东兰辛市工作的时候，密歇根州立大学的一名在校生告诉我，他父母在他很小的时候就离婚了，他的父亲搬去了别的州，之后便杳无音信，全靠母亲一人抚养他成长。男孩逐渐长大，一家人还是在贫困线上挣扎，只能勉强度日。令这位年轻人极为震惊的是，他发现父亲当年离婚后不久，便发了大财，赚了不少钱，与现任妻子住在一栋豪宅里。这位内心满怀苦涩和失望的大学生问我："他怎么能这样冷酷无情，对我不管不顾呢？"

究竟为何会这样呢？人们严厉斥责那些忽视家庭的人："人若不供养家庭，他便违背了人性。这样的人必将遭受天谴。"实际上，作为父母，我们必须供养家人，当我们没能满足家人的需求时，我们就会受到良心的谴责。

一度，我的好朋友陷入了困境。在给我的来信中，她写道："多亏上天的保佑，我们一家全靠杰夫擦玻璃维持生计……我们之前从来没见他擦过玻璃，但是我很感谢能够嫁给这样的人，他能够放下脸面，竭尽所能供养家庭。你很难相信像他那样读过大学，有硕士文凭的人会落到这般田地，但是我们坚信，这一切上天都看在眼里。"

杰夫做了他应该做的事情，他是真正的男人，伟丈夫，充满厚爱的父亲。

父母是否该满足孩子的欲望？

或许你此刻觉得，我刚刚说的那些并不新鲜，父母应该为孩子提供生活所需，毕竟大家都是这么做的。然而，在此基础上，我们是否该满足孩子的一些欲望呢？恐怕每个人都难以作答。

需求和欲望有着巨大的差别，需求很简单，同时也不容商量，但欲望却截然不同。不要以为自己是个成年人，就能将其筛选出来，事实上，孩子总有办法以需求的名义，满足内心的欲望。

孩子是谈判的高手，天生就是，他们会卖萌撒娇，会装可怜，甚至装病。正因如此，我们需要明确该为孩子付出些什么，要不然我们很容易会被孩子说服。所有家长都知道，你可以宠爱孩子，但正如西方教子名言所说的那样："被宠坏的青少年会令其父母难堪。"事实上，不只是青少年，更小的孩子同样如此，被宠坏的孩子，不管他们的年龄有多大，都会使父母难堪。

因此，也许家长需要搞清的第一个问题是："为什么我要满足孩子的欲望？我这样做的目的是什么？"比方说，我迁就孩子是因为我觉得拒绝会显得自己缺乏爱心吗？如果是那样的话，孩子一定会被你宠坏。

满足孩子的欲望可以是一个充满爱意的举动，但在某些情况下，教会孩子推迟满足感，或许更能体现你对他的爱。正如我在八岁那年的圣诞节早晨学到的那样，我们并不是总能得到自己想要的东西，孩子更是如此。

当然，有时让你的孩子得偿所愿也是合理的。当你能明智地为孩子提供其所需时，他就会感受到你的爱，更加愿意尊重你。以下是满足孩子欲望的一些理由。

首先，我们这样做是为了表现我们的爱和慷慨。有人写信告诉我，他成长的过程中，家里一直不富裕，但是他的父亲总是会竭尽所能："每隔一段时间，他总会带家人出去'郊游'——通常是去吃冰激凌或者看家庭影片。他只会叫我们上车，并不告诉我们要去哪里，最后只有到了目的地我们才知道要做什么。另外，在星期六早上，他偶尔会问我和哥哥想不想去打保龄球或者迷你高尔夫，这些都是只属于我们三个人的美好时光。"

这则故事体现了一个对所有家长都适用的重要原则：家长的慷慨会使孩子形成家庭观念，真正与孩子"共度美好时光"。慷慨通常会让家长和孩子都受益，使双方都能感受到爱与尊重，振作起精神。

你能通过各种方式给予孩子。你可以别出心裁，有各种奇思妙想，或者你也可以做一些简单的事。事实上，陪伴在孩子身边，就是最好的礼物。你给孩子的礼物无须花费一分钱，陪孩子去公园、郊游，或者一起远足都是你能给予孩子的无价之宝。最重要的是，你的付出向孩子表明了："我无条件地爱着你！"

我九岁那年，母亲通过教杂技和踢踏舞赚了一些钱。拿到工资后，她走进我的房间对我说："给你，我这里多出一美元。不对，我还多余一美元。哦，还有一美元。"有一次，她来回一共给了我十八美元，最后我们都笑了。我还能想起那天的笑声，我觉得自己和母亲心灵相通。这是除了圣诞节和我过生日收到礼物之外，母亲额外给我的礼物，她这么做仅仅是为了表明她爱我。

我们能够以此促使孩子尊敬自己。别误会，我并不是说家长要贿赂孩子，用好处去换来孩子的尊重。我的意思是，要慷慨充满爱意地满足孩子的要求，从而引导他们尊重家长，表达谢意。

虽然我们不能强迫孩子发自内心地表示感激和尊重，但是我们可以引导他们这么去想。我们可以对孩子说："我满足你的要求是因为我愿意那样做。但是，我想让你学会尊重那些给予你帮助的人，并且发自内心地感激他们。"

当你教孩子对你的付出表示尊重时，你可以亲身示范。有时当我享受大地的恩惠时，我会感恩："感谢大地给了我这么多东西，它生长出庄稼，孕育万物，让我们的生命得以维持，对于大地慷慨赐予的一切，我心怀感激。"

多年来，我一直试图向孩子们传达我的感激之情，尽可能让他们知道各样美好的恩赐，以及来自上天的礼物，对于这些，我们都应发自肺腑地感激。我希望他们尊重苍天和大地，也希望他们能采取同样的做法来尊重父母。

我也相信，在我们向孩子奉献时，我们感恩和奉献的精神会使孩子们远离罪恶。一位二十多岁的年轻人对我说："我十多岁时之所以没有走上歧途，是因为我知道那样做会让爱我的祖父母以及父母伤心。他们是那样的慈爱宽厚，以至于我无法想象自己会做出让他们声誉受损的事情。他们为我付出了那么多，我又怎能辜负他们呢？"那个年轻人尊敬家长，是因为他懂得尊重是什么，也知道尊重从何而来。没人能确保孩子一定会有这样的想法，然而家长慷慨的精神却有助于孩子们形成这种态度。所谓耳濡目染，就是如此。

我们慷慨的给予，能帮助孩子发现自己对于家长和世界的价值。孩子们在接受礼物时，需要听到我们说送他们礼物并不是因为那是他们应得的，而是因为我们非常珍视他们。

　　但必须强调的是，我们能否好意地给予孩子，让整个家处于家庭充能圈，同时又不会惯坏孩子呢？这也是很多家长担心的。我的答案是：当然可以。但同时我们也要注意，给予任何人——不论是大人还是小孩——任何东西都有可能毁坏他们的精神与品格。

　　现实中无数个例子告诉我们，太多的给予，只会让孩子成为极端自私的人。我们必须防止孩子"成为自己欲望的奴隶"。

　　家长很容易以为，满足孩子的一切要求，有助于自己在孩子心中树立形象，然而事实是，当我们娇惯孩子时，他们并不会觉得父母很慈爱，相反，他们会把父母当作是许愿精灵，随时都能满足他们的愿望，而且理应如此。他们只是表面上尊重父母，为的是获得他们想要的东西，但是当父母不能满足他们的要求时，这种尊重就会消失。当父母的慷慨让孩子变得自私自利、淘气顽劣时，那该是多么悲哀与讽刺啊。

　　不要小瞧了孩子的头脑，即使你的孩子还很小，也会使用小计谋。当大喊大叫不起作用时，他们可能会有创意地操控家长。你可能听过类似的故事，一个十一岁的小女孩向她的妈妈要十美元，说是要拿去给篮球队的一位朋友。妈妈问她理由，小女孩对她的妈妈说："两年前，我朋友的妈妈跟别的男人跑了，她现在只跟爸爸生活在一起。"妈妈听到女儿这么有爱心，立马就拿出一张十美元的钞票，并对她说："宝贝，给你钱。但是你得告诉妈妈，你的这位朋友一直缺钱吗？"女儿回答道："也不是，只有当她花光卖首饰得来的钱之后。首饰是从她爸爸的礼品店拿的。"

基本原则：做看似最好的事

没有人想要惯坏自己的孩子，毕竟自己和孩子都要为此品尝苦果，那么，有没有什么方法能够避免给予孩子过多的东西呢？有没有一种有效的方法，能够帮助我们判断该不该给孩子买苹果手机、昂贵的冰激凌、耐克篮球鞋，或者是不惜一切代价送他们去贵族学校，缴纳天价的学费？答案是，没有。

我认为根本不存在这样的方法，虽然这个结论难免让人迷茫，但是却也并非全然无迹可循。没错，养育子女在一定程度上要凭借猜测，当我们要在众多关乎孩子的选项中挑选出答案时，要平心静气，听从内心的指引，通过一定的常识做出判断。

因此，当我们试图给予孩子"看似最好的"时，我们必须自己先分清需求和欲望，然后再做出选择。记住，需要做决定的，是父母而不是孩子，孩子有着神奇的能力，他们能将欲望说成是需求。

不过，你的决定可能会遭到反对，当你的决定与孩子的想法不一致时，他们很可能会发出抗议，同时做出一些无礼的行为。孩子惯用的伎俩，就是让你有负罪感，比如他们会这么说："你这样做太不公平了，你太自私了。"被人说成是自私，自然会让你心里不好受，但请记住，绝大多数情况下，自私的不是你，而是你的孩子。当你没有顺着他们的意愿时，他们会指责你，说你是世上最糟糕的家长，但是"拒绝孩子"这件事在道德上并没有错，而且从平衡家庭关系上说，也是必需的手段。一个家庭必须有规矩作为支撑，而这规矩中就包括要让孩子们明白，你才是能发号施令的人，你会判断什么才是对他们和整个家庭最好的。

我很喜欢一位年轻人曾对我说过的话："我的父母很关心我的物质需求，他们乐于奉献，即使当家里经济拮据时，他们也会十分慷慨。同时，当我张口要一些不需要的东西时，他们也会果断地拒绝我。"

这位年轻人能够接受父母的拒绝，但还有很多孩子做不到。对于那些抱怨"你什么也给不了我！你是世上最糟糕的家长"的孩子，你该怎么回答呢？对此没有绝对正确的答案，这取决于你与孩子的相处方式，但你不能因为这样的话就轻易妥协，这会让你之前的拒绝变得没有意义，也会让之后的拒绝变得更难。每当我听到我的孩子发表这类言论时，我会说："如果我是世界上最差劲的父亲，那我也是第一名，我做事都会想要做到最好，你说得太对了！"这种方法对我们的孩子很奏效，他们不确定我是在讽刺他们，还是我真的对"世界上最差劲父亲"的称谓感到满意，于是在疑惑中，他们的攻击力也就弱了下来。

应对孩子的这类指责，家长还可以采用另一种方法，那是一位母亲告诉我的："说实话，我不会发表任何言论。孩子其实也知道他这么说很过分，而我想不出怎样回应孩子才能避免一场无谓的争吵，因此，我会等到孩子冷静之后再谈论这个问题。"

　　或者剑走偏锋，或者冷处理，都可以随你的意，但不管什么时候，当孩子说出一些过分的话时，你都不能失去冷静。你肯定知道自己不是世上最差劲的家长，你的孩子也肯定知道你不是。如果你不知道该怎么做，你可以说："你这么想我感到很抱歉。但你还是不能去，我不让你去是因为我爱你。"最重要的是，如果你总是通过满足孩子的要求来控制孩子，以赢得孩子的喜爱——换句话说，贿赂孩子——那么你就应该赶紧学会拒绝。我听说有一位母亲下班回家时常会给女儿带礼物，每当她们出去逛街，母亲总会给女儿买她想要的东西。这位母亲给孩子买东西是为了让女儿喜欢她，使女儿高兴，但是贿赂只会惯坏孩子，使其养成容易受人摆布的性格。这样做无益于培养真挚的爱、产生友谊，或者带来幸福。

　　有时，你会很想满足孩子的要求，这种给予只是为了相安无事。为了得到想要的东西，孩子会哭个不停，大喊大叫，而你肯定不喜欢看到这样的场面。一个已经十五岁的女孩子曾经对我坦言，从父亲那里得到她想要的东西十分简单："这么多年来，我只需要哭的时间够长，叫的声音够大，爸爸肯定会给我想要的东西。由于害怕和我发生冲突，爸爸总是妥协。而因为我知道他会妥协，所以我就利用了这一点，但是我知道，这样做是不对的。"

　　女孩坦诚的忏悔很好地说明了，一个自私又苛求的孩子在得到自己想要的东西之后，自然会冷静下来。而那些选择妥协的家长，不过是图个清静，但这也只是权宜之计，并不能真正解决问题。孩子知道如何利用家长的弱点，这一次她因为要求获得满足而安静下来，那么下回呢？下回只会闹得更大声，而这样的状况会不断上演。由于你不会拒绝孩子，总是满足他们任性的要求，因此，不管什么时候，只要遇到孩子想要的东西，你都要为此付出代价，而这代价绝不仅仅是金钱。

如果你受够了这种相处方式，或者你也认同这样的相处方式十分糟糕，那么就及时做出改变吧。与其在下一次逛玩具店时发生同样的场景，再一次任由孩子摆布，还不如提早教会孩子推迟满足感。在做一件事之前，先和孩子简单地谈一次话，向孩子解释规矩：不许索要玩具或者其他想要的东西，要不然他就得承担后果。当然，即便你有言在先，但是在和孩子来到了一家店铺，并且里面全是孩子想要的东西，他们还是难免蠢蠢欲动。猜猜这时孩子会怎么做？没错，孩子会先试探你。但当孩子刚刚开始请求，并且发牢骚时，你就要拒绝，而且一定不能动摇。如果孩子求个不停，那就索性离开那家店，然后回家教训孩子一顿（关于如何教训孩子，请阅读第 7 章：管教）。请相信我，你能够给孩子最好的礼物，不是满足他的任何要求，给他买想要的玩具或者其他，而是通过拒绝他的要求，让他学会推迟满足感。请记住，如果你的孩子缺乏自控力，那说明你受到了孩子的操控，你要马上摆脱。

不要厚此薄彼

老实说，尽管大多数人都说自己对每个孩子的爱都是相同的，但是在不同的时期和阶段，我们可能会更偏爱某个孩子。当父母的不易之处就在于，如果某个孩子惹怒了你，你不能心怀偏见，不能减少对他的爱，而如果某个孩子特别招人喜欢，你也不能厚此薄彼。

注意，偏爱你喜欢的孩子，不会让你们的关系更亲密，因为得宠的孩子打心眼里知道你会偏袒他。受到宠爱的孩子不仅会利用你的偏袒，还会敏锐地意识到你的性格存在缺陷。因此，厚此薄彼的行为真的是有百害而无一利。

此外，偏袒会破坏兄弟姐妹之间的感情。父母偏袒的做法不仅致使兄弟姐妹反目成仇，还会让孩子对不待见自己的家长产生怨恨，引发家庭冲突和痛苦，那些心头的隐痛有可能多年都挥之不去。

当然，每个人都是存在个人偏好的，但请记住，你可能会有意无意地偏袒某个孩子，而当这种事情发生时，你必须想好要如何应对，以消除由此带来的后遗症。然而必须提醒一下，对于惩罚不听话的孩子，并褒奖另一个听话的孩子，这种手段我并不认为是偏袒，而是觉得这是就事论事。我说的问题，存在于那些长期地以某种形式偏袒或者歧视某个孩子这样的情况中。对不受宠的孩子来说，偏袒的行为是对其内在价值不公正的评判，同时这种行为也会对受宠孩子的性格造成影响，认为自己理所应当获得更多，甚至有恃无恐。

学会感恩，是家长引导孩子成长的第一步。孩子将来的幸福多半取决于他们是否懂得知足常乐，而在很大程度上，孩子是通过观察父母的做法或选择来体会到这一点的。从四岁到长大成人，我的妻子莎拉一直住在一栋拥挤的房子里，她的母亲玛莎在离婚之后，靠着自己微薄的收入抚养孩子，艰难度日。玛莎从来没有为此抱怨，或是做出妥协。

莎拉能清楚地回想起，母亲缴纳什一税，贡献出自己微薄收入的十分之一，然后说："瞧！这个月所有的账单都付清了。让我们感谢上天！我还剩下五美分，上班的时候可以买一杯咖啡了。"年幼的莎拉并没有认为自己很穷，而是早早就学会了如何应对困境，并且继承了她母亲乐观的精神，对自己拥有的一切心怀谢意。玛莎留给女儿的精神遗产比财富更宝贵，那是一种以感激之心回馈上苍恩赐的幸福。

正如莎拉的母亲一样，当我们懂得该如何满足孩子的需求和欲望时，更要教会孩子感恩。要记住，家长能给予孩子最宝贵的东西，是以身作则让孩子们相信生活的美好，并将自己拥有的一切（哪怕在别人眼中微不足道）都视为命运的馈赠。

没有比这更宝贵的礼物了。

第5章

理解：站在孩子的角度

　　与大多数父母没什么两样，我和莎拉的教育方式也是"实践出真知"，而我们学到的最重要一点就是：理解。儿子大卫读五年级的时候，我们很难理解为什么他没有兴趣和我们交谈，也不愿敞开心扉，我们迫切想给他一些建议和忠告，却无从下手。莎拉至今记得开学第一天，接大卫回家后，她问大卫："今天过得怎么样？"

　　"还行。"

　　"你具体做了些什么呢？"

　　"没什么。"

　　"就没点好玩的事吗？"

　　"没有。"

　　第二天还是老样子。"大卫，你今天过得怎么样？"

　　"还行。"

　　"那你具体做了些什么呢？"

"没什么。"

"就没点好玩的事吗？"

"没有。"

第三天，"大卫，你今天过得怎么样？有什么好玩的事吗？"

"没有……"

第四天，大卫看了看想要发问的妈妈，声音柔和而坚定地说："妈妈，今天还是老样子。如果有什么变化，我会告诉你的。"

莎拉常说，她希望当时，也就是大卫五年级的时候，她能学会理解。理解孩子的声音，也要理解孩子的沉默。自那以后，莎拉的确减少了每天询问的次数，但偶尔还会试图从儿子口中套出些话，可想要让他袒露心声，确实收效甚微。

她有时会对我说："我真不理解大卫，他就是不愿意跟我交谈，我可是他的妈妈啊，我愿意回答他一切问题。"那个时候，我们还不清楚男孩和女孩与父母交谈的方式有何不同。举例来说，女性谈论情感的次数通常要比男性更频繁，她们谈论的话题包括她们这一天过得怎么样，最近喜欢什么人，和对方的互动状态。根据我观察，这种行为从小时候便能看出端倪。而男孩则不同，他们一般都不会记得太细节的东西，更不像女孩一样热切地想要分享这些内容。在莎拉看来，自己询问大卫"你今天过得怎么样？"这是件很正常的事情，而在大卫看来，自己不愿意回答，也是很正常的。（想要了解孩子的性别差异，请阅读第10章：粉色的教育和蓝色的教育）

事实上，在孩子的世界里，说与不说，全都无可厚非。

"理解"孩子，意味着理解什么？

在尝试理解孩子的过程中，我和莎拉学到了一点，那就是——男孩和女孩之间存在着差异。能够意识到孩子的性别差异，对家长很有帮助，而这只是"理解"的冰山一角。

真正意义上的理解孩子，是指了解并对他的成长感同身受。

家长经常会忽视孩子并不成熟的事实，尽管孩子们有时候看起来和成年人没有什么区别，甚至比他们的父母还要高大强壮，但孩子终究是孩子，他们还需成长。为此，我们必须意识到，一个孩子从蹒跚学步到步入青春期，他们必然会：说话像孩子，心思像孩子，意念像孩子，并且会做出一些孩子气的事情。

母亲经常会想起我小学一年级时的一次对话，那次对话足以说明什么是孩子的逻辑。母亲问我："当老师听写单词的时候，她会跳过某些单词吗？"我极其严肃地回答道："当然不会，她只是站在那里。"

孩子只是照字面理解你的话，只会用自己有限的认知去思考他们听到的。孩子就是孩子，他们的言论以及滑稽行为，常会让父母觉得好笑。我们则需要将"这类事情"记在脑中，一是为了以后也好有故事可以说；二是提醒自己在盛怒的时候，也能记得"孩子就是孩子"。

　　当孩子做了让家长生气的事情时，幼稚的他们不免令人失望，此时家长若再失去耐心，孩子也会灰心丧气。这时候，我们要牢记：孩子气意味着"幼稚、不负责任和愚蠢"。我们需要告诉自己："要求不要太高，孩子不就是会做幼稚的事情吗？"我们要学会理解，理解孩子的现实状况。

　　教子名言说过："你们做父亲的，不要激怒子女。"我认为，名言专门提到父亲是因为他们会矫枉过正，过分苛责孩子。然而，尽管母亲通常会比父亲更理解孩子，但是也会有做得不足的时候。

　　理解孩子的第一步是，意识到他们迫切需要父母的关爱。父母们虽然深爱孩子，但并不意味着就能自动理解孩子，或者主动产生理解孩子的意愿。如果你对孩子知之甚少，孩子就会觉得你不理解他，不接纳他，也不爱他。

　　具有讽刺意味的是，那些在情感上理应比孩子们成熟的父母，在现实中却恰恰相反。如果你觉得不太服气，那么就想想，自己是不是经常让孩子生气，激怒他们，令他们失去信心，如果答案是肯定的，那么就说明我们教育孩子的方式并不成熟。真正的成熟，在于你如何对待他人。有很多家长认为，教育子女就是要让孩子理解父母想要什么，然后恭顺地做父母要求的事。我和莎拉之前也存在这种偏见，在吃了不少苦头后我们才意识到，事实与我们的想法截然不同：要想使孩子听话，尊重你，家长要先关爱和理解孩子。而这就牵扯到了一个关键问题：

　　我该怎样理解孩子，才会让他们觉得我爱他们，并愿意尊重我呢？

如何轻而易举地激怒孩子

尊重与理解的背面，是傲慢与偏见。

比如说，咄咄逼人或者对孩子动粗，都算是过分的事情。我并不是说，你永远不能管教孩子，或者严厉地指导他们（阅读第7章：管教）。我的意思是，你不能失去耐心，任坏脾气爆发，在言语或行为上故意苛求孩子。家长很容易会提高嗓门让孩子听话；也很容易动用武力或其他方式威胁孩子，让他们服从你。有些孩子还会经历更悲惨的遭遇，我收到过很多父母的来信，他们在信中提到自己在童年时期受到过家长的虐待——是真的虐待，不是一笑而过的玩笑。我小时候也有过同样的经历，我曾亲眼目睹父亲辱骂母亲，也被父亲打过。而今大多数父母都明白，不要认为："我做到这个程度应该不会有事。"事实上，虐待在孩子心中是不分等级的，不管是什么程度的虐待，只要是辱骂和粗暴的行为，都只会激怒孩子，最终他们将不再对父母敞开心扉。

此外，不遵守诺言也是件过分的事情，即便父母认为他们有充分的理由。最坏的一个场景是，孩子发现自己遭到父母的遗弃。我的一位朋友回忆，他的母亲答应他两周以后回来，结果却一去不复返。有好几个月，他都眼巴巴地望着窗外，每当有蓝色的汽车开过，他的心都会为之一动，因为母亲开的就是一辆蓝色的车。他回忆他母亲曾这么解释："孩子听我说，妈妈是个酒鬼，我不会再回来找你了，但是奶奶会照顾你。相信我，这对你是个好的选择。"然而，他并没有觉得这是为他好，相反，八岁的他因为母亲没有信守承诺伤透了心。

言而无信——无论是没有出席孩子的活动或比赛，还是出差回来没有给孩子带玩具——不论你觉得这件事多么微不足道，孩子都会因此感到恼火。因为在孩子心中，父母是这个世界上最值得信赖的人，是他们学习规矩和道德的最重要来源。因此，无论如何都要信守对孩子的承诺。

但是，事实总是无常，如果你确实不能遵守诺言，并且是出于一些你无法掌控的原因，那就一定要记得请求孩子的原谅，并尽可能地对孩子做出补偿。下面是我收藏的一封邮件。乔伊十一岁那年，我们原本约好了要一起出去，而我却爽约了，所以我给她写了封道歉信。

我的好女儿：

今天下午三点到五点，爸爸正好有事，所以很抱歉，对于之前的约定只能失约。但是，我有一个更好的计划，我和你妈妈决定，下周一我们可以一起做三件事情，正好那天你不用上课，所以，我们可以：1. 去健身俱乐部；2. 出去吃午饭；3. 购物。爸爸很抱歉，还得让你再等几天。我知道这件事肯定会让你十分沮丧，但是爸爸一定会做出补偿的。

　　乔伊后来告诉我，她一点也不记得当时自己是怎么回复的，但重要的是，我的那封邮件确实让她好受了一些。任何道歉的信件或言语，都会让孩子明白，你知道自己做了些什么，也知道他的感受很重要。

　　在父母对孩子所做的过分之举中，骂人肯定也是件过分的事，即使你是在开玩笑——"拜托，我只是在闹着玩"，也有可能造成伤害。如果你在生气或者发火的时候骂孩子，孩子绝对会受到伤害。我的父亲在很多场合下骂过我，说我是个废物，这也成为我多年来无法对他敞开心扉的一个原因。我知道如果父亲还活着，他或许会向我道歉，我相信在他的内心深处，他一定知道自己不该那么对待我，但是他那么做了，而且真的让我很泄气。

　　我再大声地说一遍：永远都不要骂孩子，否则他们将不再对你敞开心扉。在写这篇文章时，我很惊讶自己的情绪会如此波荡起伏，因为有太多家长以为，只要关起门来，自己的行为就可以得到原谅，而实际上，在家里骂人绝对不是件光彩的事情。

　　未经考证、随便而轻率的指责，对孩子的危害尤其严重。乔伊十多岁的时候，有一次我走进房间，看到乔伊和她的男朋友在地板上扭打在一起，他们玩得很开心，但这一幕却让我忧心忡忡。我把她叫到一旁（至少我还知道不能当着外人的面），告诉她举动不要太放纵，这种亲密的举动会激起男人的欲望。乔伊既惊讶又羞愧，在乔伊和她的男朋友看来，那只不过是单纯的玩耍，而她却因此受到了我莫须有的"放纵"指责。乔伊生气地哭了，而且之后很长一段时间，她都不愿意和我说话。

　　与女儿对峙的这件事，是我做错了吗？就当时而言，我确实是急于帮助孩子，但毋庸置疑的是，我本可以采取不同的方式。我可以后退一步，询问自己："如果我现在就说些什么，乔伊会怎么想呢？如果是莎拉，会给出什么样的建议呢？"莎拉之后对我说，这件事是被我彻底搞砸了，她不得不从中斡旋了很长时间，乔伊才肯原谅我。

　　为了进一步说明这件事对乔伊的影响，在孩子们成年之后，当我让他们说出这些年来我做错过的事情时，乔伊马上就提起了这件事。我再一次为自己当时的想法感到羞愧难当，幸运的是，现在乔伊和我建立了完全坦诚的父女关系。我向乔伊坦诚自己在伤害她之后是多么的内疚和忧伤，甚至一度觉得自己没资格妄谈教育孩子，而她说："爸爸，别忘了你也做过很多正确的事。而且，如果你想要帮助其他家长，你自己必须先学会接受我的原谅。"

　　未经考证、随便而轻率的指责对青少年而言，很可能形成致命伤，因为他们正处于理解自我、获得独立的年纪。但是即便是对大一些或者小一些的孩子，这样的指责也不可取。父母要先用心听孩子讲话，了解清楚事情的真实情况，然后再发表言论或采取行动。

　　我的博士论文中，专门有一个章节讨论了家庭生活中"用心聆听"的重要性，因此，我一度认为，自己对此还是略懂一二的，然而在现实中，孩子们教会我的事情，却要比我在研究生院学到的所有加起来还要多。

例如，我明白了正确的聆听方式，不是调动耳朵，而是要看着孩子的眼睛。乔伊三四岁的时候，她就会抓着我的脸，转向她那一边，然后对我说："爸爸，看着我。"而儿子们在试图和我讲一些事情的时候，如果发现我走神了，他们就会说："你根本没在听我讲话，你不在乎我说些什么。"我经常以为自己是在认真听孩子说话，但实际上并非如此，而这些时候我的孩子就会直言不讳。

大卫告诉我，当他还是孩子的时候，他觉得我总是试图向他解释为什么我想要让他理解某件事。他知道我想要了解他，但他觉得我并没有做到。这也是我心中的一大"隐痛"。我和莎拉都觉得，在理解孩子方面，我们犯过很严重的错误。我们总是倾向于做出反应，而不是给出回答；我们总是倾向于先入为主，而不是积极求证；我们总是倾向于迅速给出结论，而不是说："先容我考虑一会儿。"

倾听是一门艺术，至今我还在学习该如何去做。而在学习过程中，我渐渐领悟到了一件事，那就是：养育子女，不是为了让孩子听从你的命令、建议或者指导，而是要通过孩子学会什么叫作理解——理解孩子们的感受如何，以及他们想要向你传达的信息。

也许你可以把我们当成前车之鉴，记住孩子需要并渴望得到家长的理解，而理解孩子的最好方式，就是倾听。

设立不合理的期望、请求或要求，是家长经常容易犯的一个错误，我们总是无法意识到自己要求做的事情，完全超出了孩子的能力。父母们最喜欢沉浸在自己的世界，并因此无法理解孩子。有一位父亲是女儿足球队的教练，他的女儿是队里最出色的球员，因此，父亲整天不停地逼迫孩子训练，终于有一天，女儿拒绝踢球，而父亲大发雷霆，认为女儿不尊重父母。虽然这位父亲声称，自己这样做完全是为了孩子，但实际果真如此吗？仔细分析我们就会明白，他是为了让自己活得更有满足感。而这种自私的念头，导致女儿不仅放弃了曾经热爱的足球，更感到愤怒和沮丧，从而封闭了自我。

每个人都希望孩子有所成就，但这不是我们逼迫他们的理由。当我们逼迫孩子做超出他们能力的事情，他们就会生气，或者因挫败而灰心丧气。一个女孩写信告诉我，她一直"想要成为父亲的宝贝女儿，但是不管我怎么努力，怎么追求完美，他从来也没说过他以我为荣，哪怕只是抱抱我也好……但不管我做什么，他都觉得不够好。最后我只能假装不在乎他的评价，并且疏远了他。"激怒你的孩子有很多方式，如果你拿不准自己是不是正在做着这样的事，你可以问自己以下问题，以此斟酌自己的言语或行为：

· "我要说的这些话，能让孩子感觉到我的爱吗？"
· "我有没有试着站在孩子的立场考虑问题？"
· "我还记得自己十多岁的时候是什么样子吗？"

能够停下来问自己这些问题，绝对是一个好的开头，但是关于怎样杜绝激怒孩子这件事，你要学习的还很多；绝大多数家长要回答的问题也不止一个。

你是否会轻易交出主动权？

在情感上成熟，不做激怒孩子的事情，对家长来说是个挑战，因为孩子总是会惹我们生气，而家长也是普通人，无法做到对任何情况不牵动一丝情绪。那么，当孩子让家长生气时，又该怎么办？在"战斗"最激烈时，我们必须保持冷静和镇定，以成年人的要求来要求自己，并体谅"孩子就是孩子"的事实。

父母要控制情绪，杜绝说冷酷无情的话。要学会忍耐，时刻提醒自己，作为成年人，不能放纵自己做出幼稚的行为，因为这就如同在开车时，把车钥匙交给别人。

如果你对于自己是否会被孩子轻易激怒这件事并不确定，可以思考以下问题：

· 我是否会对孩子的行为过度解读？

· 孩子不听话或者做出其他失礼行为时，我是否对此先入为主地认定，孩子是在故意不尊重我？

· 孩子晚上不睡觉摆弄故事书，我是否就会认定他是为了惹我生气？

很多家长生气，是因为事先认定孩子在某些情况下会不尊重他们。一位母亲说："我就知道她会不听话，她总是不好好写作业，她这么做是想惹我生气。"在一个家庭中，傲慢只会引起争端。

父母总认为："如果孩子真的尊重我们，他们就会听话！因此他们不听话，也就意味着不尊重我们，对此难道我不该生气吗？"在很多情况下，我的回答都是否定的——你确实不该生气。对于孩子正常的行为，你应该积极处理问题，而不是擅自下结论，然后跟着恼怒或生气，不要总是把孩子想得那么坏。

我究竟有多少耐心？我们总是期望孩子像成年人一样行事，不让大人失望，永远都配合家长，诸如此类。而当孩子做不到时，我们就会失去耐心，在恼怒中挑剔孩子："别发牢骚了！你就不能懂事点吗？"或者用别的孩子进行刺激："你为什么就不能像姐姐（或者某某人）那样呢？"当然，你会越说越生气，最终变得怒不可遏。

记得大卫十一二岁的时候，有个周六的早上他一直在打打闹闹，我一直尽量忍耐，直到他说了很过分的话，我终于忍无可忍，把他推到了墙上。虽然我只是用小臂推了他，并没有真正伤到他，但是足以引起他的惊愕。这次事情确实是我反应过度，我完全可以不采用这样的行为，也能起到管教的作用。然而我失去了镇静，做了我从未做过的事，但好在，我意识到了这一点，我向大卫道了歉，并且之后也再未如此行事。

有趣的是，多年后我问大卫是否记得我犯过的这次错误。他的回答是："我不记得你把我推到过墙上。我记得有一次，你单独叫我出来，要带我去地下室，在去的路上，我抓住一个高大的木架子，然后把它推倒在地上。现在想起那件事，我还是觉得很骄傲。"听到儿子的话时，我笑了，我感谢上帝让大卫忘记了我的失控行为，他只记得自己的虚张声势。

十几岁的大卫肯定不成熟，但我做的事情更不成熟，毕竟我是成年人。

我们是否不自觉地想要让孩子对我们的情绪和幸福负责？这是很多父母都曾走进的一个误区。孩子的行为，会提升或有损于我们的自我形象吗？当孩子表现"良好"时，我们是否自我感觉良好呢？当他们表现"糟糕"时，我们是否觉得自己很差劲呢？有很多父母曾找我做过咨询，承认自己多少有点想让孩子为父母的自尊负责。而这种糟糕的想法势必会引发糟糕的后果：这些父母因为想让孩子听话，才会去满足孩子的要求，如果不能如愿，就会对孩子心怀怨恨，认为是孩子让他们觉得自己很差劲，一切都是孩子的错。

我希望你不会跳入这个陷阱，但是如果你觉得自己已经深陷其中，那么你可以选择逃脱。我们作为家长的自尊，不应该来自于孩子，而应该来源于自身的使命。的确，孩子会影响我们的情绪，但是他们不应该成为决定家长自我形象的因素，你的自我形象，依赖于你与自己使命之间的友好关系。（关于这项真理的更多内容，请阅读第 13 章）

我们是否忙到没有时间陪孩子？有些父母整天忙着实现各种目标，完成工作安排，即使是下班回家也会不断打电话、回邮件、发短信，有一堆事情要办。这时，当孩子想要占用他们的时间时，他们就会恼怒不已。很多年前，我听到有人讲过这样一个故事：一位父亲忙着赶进度完成工作，为此他将自己锁在家庭办公室中。他听到三岁的孩子在轻轻踢门，他试图忽略孩子发出的噪声，但是最后他还是高声叫道："杰森，快走开！爸爸在工作呢。"

父亲说完，一片寂静，两秒钟之后他听到了抽泣声。父亲打开门，看见杰森坐在地上呜咽。"你想要干什么？"爸爸问道。孩子的嘴唇颤抖着，结结巴巴地说："我就是想……想说，我想……想见你。"

伟大的哲学家苏格拉底说过："忙碌的生活荒芜了人生。"当你忙得不可开交，哪怕是一丁点的打扰都会惹怒你时，你很可能会让你的宝贝孩子觉得你不爱或者不理解他。

换位思考，做自己认为最好的事

前文中，我将理解孩子界定为有能力了解他们所处的成长阶段，做到换位思考。然而，换位思考不单单是对他说一句，"那太糟糕了"，换位思考意味着真正理解某人，体会他的心情，了解他的想法，尤其是在对方伤心难过的时候。

　　你要试着站在对方的立场思考问题，这里的"对方"，也就是你的孩子，不管他是上学前班还是小学，或是处于青春期，你都要时常切换到他的角度去想问题。换位思考后，你才会同情孩子，才会知道当孩子面临一个陌生环境，与周围格格不入，或是考试没考好、输了比赛，以及遇到其他情况时，他们内心会经历怎样的挣扎。

　　当然，要想恰如其分地同情孩子，并不总是一件容易的事情。做一个好家长意味着你要同情孩子，但也要适可而止，不能让同情泛滥。过分同情孩子，会助长孩子不恰当的愤怒和自怨自艾，最糟糕的情况下，同情心会让家长为孩子糟糕的表现找借口，久而久之孩子还会以此操纵家长，甚至对家长说谎。

　　要想做出正确的决定并不容易。作为家长，我和莎拉也曾陷入迷茫，而最终经过努力，我们深刻地认识到，我们应该去做自己认为最好的事情。

　　但是，父母毕竟不是圣人，如果我们无法做到理解和同情孩子，又该如何挽救？

　　当你发现自己做错了事，只要诚恳地请求原谅就好了。在讲述夫妻关系时，我曾经提到过夫妻之间最神奇的语言是："我很抱歉，你能原谅我吗？"这句话同样适用于父母和孩子。当我们不理解孩子，并因做了过分的事情激怒孩子时，我们可以这样说：

　　·"很抱歉，我被愤怒冲昏了头脑。这件事我做错了，你能原谅我吗？"

·"没有了解事情的缘由就发表意见，是我不对，我向你道歉。"

不管你说什么，一定要让孩子明白，你很伤心难过，想要请求他们的原谅。如果你很少向孩子道歉，那么当你这样做时，你很快就会引起孩子的注意。莎拉表示："在我看来，作为一名家长，能够和孩子说'我做错了，请你原谅我'这非常重要。我记得我母亲只道过两次歉。我深爱着母亲，但是当她做错事情时，我真的很想从她口中听到'我错了'这句话。"

最重要的是：当父母向孩子道歉时，孩子会认为自己得到了认可和关爱，这也是理解孩子的开始。

第6章

教导：无须过多，恰到好处即可

多年以前，当我还是一个心理咨询师的时候，有人写信告诉我，他成长于 20 世纪 60 年代，那时他家位于一条私人车道的终点，人们经常会在他家门口停车问路，有时年轻的夫妇还会把车停在那里。由于那条车道的空间有限，司机们为了掉头，经常会把车开进他家院子，为此草坪上满是车辙印。有一天，他和父亲在处理车辙印（这已经不是第一次了），他气愤地说："老爸，你就不能教训一下那些家伙吗？"

他父亲只是耸了耸肩说："不，我不能这么做。"

当他询问原因时，父亲回答："因为有些东西比草坪更重要。"

他不明白父亲的意思，于是进一步追问："比如呢？"

父亲的回答只有短短几个字，但是却对他的人生产生了重大影响："善良、兄弟情谊和爱。"

时隔多年，年轻人在这封信的最后写道："我知道这个故事并不波澜壮阔，但是它给我留下了深刻的印象。父亲的教诲让我看清了很多事情，为我树立了榜样。"。

这位父亲的确说出了让儿子铭记终生的话，但我不认为父亲在开口前就已经抱有这样的想法——"这是教导孩子的好机会"，然而，他却实现了。要知道，最好的教育方式，就是父母身体力行。当孩子向父母提问，听到父母的见解，他们便会记在心间。

我们的信仰，不是只在教堂中才会被唤醒，在和孩子相处的时候，同样可以。我们对待孩子，其笃定程度应与我们的信仰一样，需要克服各种影响，教会自己的孩子"善良、兄弟情谊和爱。"

做家长，不是只让孩子身体成长

要说向孩子传授真理，家长的作用肯定是第一位的。但是，我知道很多人都不是百分百确定，自己会是孩子最重要的老师。毕竟，孩子会接受很多专业人士的教育——不论是在学校，还是在田径场。人们很容易认为：我可以指望别人来教导孩子，他们会做得比我好。而我的工作是照顾孩子生活，挣钱养家糊口，至于教育，还是给专业人士来做吧。

你做的那些，把孩子喂饱也好，让孩子穿暖也罢，都很重要，但是这还不够。家长需要做更多的事，这就是我为什么会说，父母是孩子人生的向导。我们在孩子成长过程中对孩子传授的那些精神财富，让他们懂得的那些道理，会影响他们的一生。

我们该教会孩子什么？

我认为父母要教会孩子两个方面的内容。

首先，我们要让孩子心中有坚定的信念，这比任何事情，甚至是比获得财富更重要。因为，即使我们教会孩子如何获得成功，但是他们倘若失去了信念，或者灵魂，那又有何意义呢？

其次，父母还必须教会孩子生活的智慧。

当我们在诸多方面对孩子进行指导时，我们必须先明白了其中的深意，才能向孩子解释背后的原因。例如，我们不要说谎、欺骗，或偷盗，不仅是因为这些做法不正确，而且还因为这样做会让爱我们的人伤心。我常对孩子说："你不要做某事时，实际是在告诉你'不要伤害你自己'。"有些道路，看似正确；走到尽头，却是死路。

家长对孩子的教育，与孩子的未来息息相关，或许也正因为责任重大，因此太多家长对此忐忑不安："我没有信心教孩子懂得这一切，因为我没有接受过专业的培训，如果孩子总是没完没了地提问，我如何能够胜任呢？"你说的这些我都理解。我的孩子小时候也爱问问题，现在似乎也没有改变，虽说我是人们眼中的专家，但也并非总能答得上来。（实际上，我时常在想，是自己天资不够，没能融会贯通。）

尽管如此，所有父母却都可以无师自通地做一件事情，那就是依照"良知"养育子女。

牢记内心的良知

家长不一定要接受专门的培训，才能教好孩子。即使是非洲部落中贫穷、没有受过教育的母亲，也照样可以凭借内心的良知指引孩子。她也许不识字，却是教育自己孩子的最佳人选，因为她对孩子深厚的爱是别人无法替代的。

爱最重要的特征是敞开心扉，放下自我，努力替对方着想。我发现，凡是家庭中能够敞开心扉的父母，他们在与孩子交流时，便能更加顺畅，更加侃侃而谈。我常对内心打鼓的家长们说："千万不要认为自己教不了孩子，只要你能够了解爱与尊重的秘密，一切都会变得轻松起来。"（如果不知道该如何向孩子解释爱与尊重，请阅读附录 A：制定家庭的爱与尊重目标。）

作为父母，还可以在教育问题上求助于身边的人，那些智慧、真诚的人可以给我们很多帮助，不管是在幼儿园的家长会上，还是朋友的聚会上，这些人的言行都能够帮助你营造和谐的亲子关系。

言传身教

榜样的力量是无穷的，尤其是在一个家庭中。一位家长告诉我："通过教育孩子的亲身经历，我发现，除非你能以身作则，否则孩子根本不会听你的话。"

所幸的是，几乎每天都会发生一些事情，而通过这些事情，我们可以让孩子学会如何处理那些难题。父母大可以将生活中的挑战当作是教育孩子的最好时机，借此与孩子坦诚相见。例如，有一个上小学的孩子，他在写作业时遇到了难题，最后实在没有办法，他找到妈妈，问她是否可以帮他做作业。妈妈拒绝了，"这样做是不对的。"

"但是妈妈，"男孩辩解道，"你好歹试一下嘛！"

这时妈妈可能会沉下脸来，但实际上，这样处理问题未免太简单、草率，相反，她应该借此机会让儿子知道，为什么妈妈不能替他做作业，因为诚实永远好过欺骗。所有男孩不喜欢朋友在玩游戏时作弊，同样的道理，老师也不会喜欢学生欺骗自己，更重要的是，这样是在自欺欺人，对于自己没有任何好处。

当然，在和孩子的相处中，更多时候我们的真实想法是在无意间流露的。有一次，上课结束后，一个小男孩对老师说："等我长大了，我会给你钱。"

"谢谢你，"老师回答，"但你为什么要这样做呢？"

"因为爸爸说你是我们遇到的最贫穷（糟糕）的老师。"

家长要谨言慎行，不要以为孩子还小，以为他们不谙世事，事实上，孩子一直在注意着你的一言一行。

抓住教育孩子的时机，做你认为正确的事情

史蒂夫和杰姬的婚姻濒临破裂，他们参加了爱与尊重的周末活动，试图为挽回婚姻做最后的努力。他们在活动中取得了一些进展，之后回到家，他们又和五岁的儿子一起看了爱与尊重的视频，以期修复他们的婚姻。后来，这对夫妻的感情果真逐渐好转，成功保卫住了自己的婚姻和家庭。

一天，杰姬写邮件告诉我："有一次我和儿子在车里面，我大概是发出了叹气的声音，但是我自己却毫无意识。马修马上对我说：'妈咪，如果你难过的话，你就该照着莎拉在视频里说的那样去做，学会感恩！'我很惊讶，也很惊喜，我告诉儿子，他说得没错，那天，我们谈论了所有值得感恩的事情。"

说起教育孩子的时机，在上面的例子中，一个五岁的孩子完美地创造了时机。

我们必须承认，有时教育孩子并不是件愉快的事，你需要有勇气让孩子面对事实。儿子大卫十四岁的时候，有次他在电脑上玩棒球游戏，不久后，我看到他一脸沮丧，便关切地问他："怎

么了？你被三振出局了吗？"大卫突然表现出愤怒，他一把推开了我。虽然我知道，大卫推我是因为他很沮丧，他并不是生我的气，但是当时我依然惊呆了，因为大卫之前从来没有这样推开过我（之后他再也没有那样做过）。当时我什么也没有说，但是过了一会儿，我给他写了张小纸条：

亲爱的大卫：

　　有时候事情发生得太突然，让我们措不及防……我们生气时，就会做出冲动的行为。我们可以任意发泄情绪，失去心智。但是在那种情况下，我们是否可以说："我现在十分沮丧和生气，我真想一脚踢碎屏幕。"我认为这样说是可以的。我们可以说出内心的想法，这好过任由情绪爆发，做出像推搡他人这样的事。

　　那件事成为教育大卫的一个契机，我尽力地想要做出正确的事。你可能愿意给孩子写纸条，也可能不愿意，具体方法并不重要，重要的是，你能不能抓住时机告诉孩子怎样做才是更好的方法。

关于"尊重"的基本内容

　　在我们努力想要成为关爱孩子的家长时，孩子也需要学着尊重家长。一位父亲写道："我已经开始和两个儿子（一个十岁，另一个十二岁）一起努力，我教他们相互尊重、善待彼此，即使他们觉得对方'不配得到'。并且，无论如何，他们都要尊重妈妈，这件事没有商量的余地。"

他还提到："之前他们吵架时，我通常会告诉他们'别闹了'，但现在我会阻止他们，然后挨个询问，他们的行为是否做到了有礼貌。让我惊讶的是，两个孩子并没有狡辩，他们会说：'不，我的行为没有礼貌。'有时即使没有我的提示，他们也会主动向对方道歉。虽然他们还是会吵架（兄弟之间难免如此），但是却和以往不同了。我会听到他们说，'你说的话让我很难受——我做错了什么吗？'以及'爸爸，我惹妈妈伤心了——我做错了什么吗？'"

"我做错了什么"是个很好的问题，是你教育孩子的良好契机。家长们需要在此时起到引导作用，引导孩子反思自己的言行，帮助他明白什么行为没有礼貌，或存在其他错误，下次如何避免这种事情的发生（详细内容请阅读附录 A）。

教导的过与不及

教育孩子，做得不够与做得太多，全都不行。我曾经犯过过分教导孩子的错误，当然，这并不是说我每天向他们灌输大道理，而是我把自己觉得会影响他们生活的事情，全都写进了论文，他们一致认为这种做法很过分。我在论文中的长篇说教，不但没有起到教育孩子的作用，相反却让他们感到丢脸——天啊，你竟然专门写了篇论文来教育我们，我们到底是有多差劲。虽然他们也承认，我确实一直努力做到心平气和，理解他们，但他们认为我说教得太多了，并且这些说教不能让他们心悦诚服，孩子们认为，我应该多些聆听，少一点说教。

无论是对于孩子的教育做得不够，还是做得太多，都是因为家长无法清楚明确地知道自己应该如何教导孩子，以至于你的孩子有时会说："你从来没有跟我说过！所以不是我的错！"一位母亲提到："我和马克之间就存在这种问题，马克是我们家的老三，我也不记得自己那些话到底是跟哪个孩子说过。"

我能理解马克的感受，因为我小时候也遇到过这样的事。我爱父亲，但是却很难与他沟通，尤其是在我想要帮助他修整房屋的时候。

我小时候，母亲在家教游泳课，因此家里游泳池的过滤器马达时常需要修理。父亲会躺在马达的下面修理，就像机修工躺在车下修理汽车一样，有时他会叫我帮他拿"通用扳手"或者"活动扳手"。但是他从来没有跟我说过这些扳手长什么样，因此，当我站在一旁等他的指令时，我的内心总是很忐忑，我会很担心自己找不到他要的东西，或者做不到他要求的事。有好几次，我没有拿对他要的东西，或者告诉他"我不知道你说的是什么"后，父亲就会从马达下面钻出来，一边抱怨，一边亲自去找到他想要的东西，然后甩给我一句："你真是个没用的废物。"最开始我还以为他说的是"飞屋"，我不知道他在说什么，所以还没感到受到伤害，但是有一次我听到他说我"没用"，这才明白了"废物"是什么意思。我感到十分难过，又很恼火，只想一走了之，我不仅对自己感到失望，而且更对父亲失望透顶。

相比之下，有一位母亲在信中写到的情景足以让我感慨不已：

大儿子马修三岁时，家里的割草机坏了。马修在一旁看爸爸艾伦干活，正好艾伦需要一把螺丝刀。艾伦很耐心地告诉儿子他需要什么样的螺丝刀，说完马修就去找工具箱，回来时他手里拿了一把螺丝刀，就是艾伦需要的那种。艾伦对儿子表示了感谢，而儿子的回答是："爸爸，别客气，我知道你需要我！"那一刻，我感到自己从丈夫身上学到了一件事，那就是要让孩子参与家里的活动。孩子年纪小时，做这些事要花费很长时间，他们也经常会弄得一团糟，但是这样做是值得的，因为我们可以培养孩子的自尊、自信，以及归属感，并且会让孩子感受到家长的尊重和关爱。

这位父亲对孩子的耐心也说明了，以恰当的口吻和方式教导孩子的重要性。如果孩子透过你的言语和表情，看出你认为他是笨蛋，他就会觉得你不爱他，并觉得自己真是笨蛋，这样孩子也不可能学到任何有意义的东西。你那种心怀敌意和蔑视的管教方法，不管目标是任何人，重复多少次，效果也都不会好。

青春叛逆后，孩子终归会醒悟

教育是分阶段性的，比如孩子小的时候大多很愿意接受教育，但是一旦他们进入青春期，就开启了叛逆模式，不再那么容易管教了。我女儿乔伊小的时候，尤其是她十多岁时，她从来不会坐在我旁边，更不会大声跟我说："爸爸，你教教我！教教我吧！"她总觉得自己什么都懂。然而，在她二十五岁时，她却又开始向我求助了，希望听到我的指导。你可能听过马克·吐温的评论："十四岁时，我觉得父亲愚昧无知，我甚至不愿意待在他身边。但当我二十一岁时，我吃惊地发现，老头子懂得可真多，这七年时间他居然长进这么多。"

并非是父母长进了，而是孩子告别了青春期的懵懂和狂躁，开始变得成熟。孩子为什么一到青春期，就会以为自己是个大人了？关于大脑发育的尖端研究，解释了为何青少年看似什么都懂，但实际上却不可理喻、行为夸张且缺乏理性。其原因是，大脑在青春期时急剧发育，脑神经快速连通，大脑的处理以及决策能力都会有很大提升。尽管大脑有所发育，但是青少年的大脑会更依赖感性思维，而非理性思维。正因如此，青少年虽然"懂得多了"，但还是会做愚蠢、危险的事。

乔伊最近读到了一篇关于青少年大脑发育的文章，她感同身受，于是发邮件给我：

　　这篇文章使我产生了共鸣……它大致解释了为何青少年的情绪会经历大起大落，为何他们会做出不理智的决定。上高中时，我对事物的感知很强烈，而每当你或妈妈对我的经历表示理解时，我就会更想要向你们敞开心扉。同理心会让孩子有安全感，当孩子知道父母理解自己的时候，这时父母再和孩子谈论理性思维，孩子或许会采纳。

　　青少年的桀骜不驯和恣意妄为，通常会在他们直面现实后发生改变，他们也会发现"父母长进了这么多"。所以，在教导孩子时，家长必须保持冷静，坚持不懈，孩子总会长大，并且理解那些他们曾经摒弃的事情。

　　抚养孩子是项艰巨的任务，但欣慰的是，我们总能获得帮助、完成使命——前提是我们要寻求帮助。

　　在教导孩子时做好权衡，防止过与不及：过多的指导会让孩子失去兴趣，反之孩子则会缺少引导。请让我们以身作则，抓住教育孩子的时机，做出我们认为正确的事情。

第7章
管教：对峙、纠正、安慰

　　大约在我九岁还是十岁的时候，发生过一件事。一天我把母亲和姐姐安锁在了门外，她们一直在敲门，叫我把门打开，但是我透过窗户看着她们，就是不开门。

　　时隔太久，我已经想不起当时为什么会那样做。我只记得，当时我正在因为某件事而不高兴，而她们的心情也不怎么好。有趣的是，母亲透过窗户看着我时，并没有责备我没有礼貌或者其他，相反，她几次很有礼貌地要求我打开房门。在接连遭到拒绝后，母亲便带着姐姐转身向车的方向走去，然后，她们走进车里，驾车离开了。

　　大约三十分钟后，母亲和安回来了。我看见她的车驶下斜坡，但是接下来的一幕让我大惊失色。一辆警车竟然紧跟着母亲的车进了院子！我不由得吓出一身冷汗，心想母亲一定是向警察投诉了，这下警察要抓我坐牢了！当我打开屋门时，母亲从我身边走过，并且若无其事地说："车道那里有人想要跟你聊一聊。"

母亲并没有大吵大嚷，也没有奚落讽刺说一些诸如这样的话："小子，你这下有麻烦了！"她只是去了另一个房间。

我战战兢兢地走出了房间，向警车走去，当我看见汽车仪表盘上放着一把手枪时，我的脊背一阵发凉。然后，我看到一个彪形大汉坐在方向盘前，头上戴着一顶"斯摩基熊"的帽子。虽然他坐着，但我坚信他至少有一米九，不，就算他有三米高我都相信。

他用低沉的声音问我："你是不是经常把你妈妈和姐姐锁在门外？你这样算什么男子汉？你是不是打算以后还这样做？我觉得你不会再这样做了，对吗？你想看看我的枪吗？"

我胆怯地回答，说自己再也不会那样做了，然后表示愿意看他的枪。不知是怎么回事，当我们坐在一起看他的手枪时，我忽然觉得自己应该做个男子汉，而真正的男子汉是不应该做出那种把家人锁在门外的事情的。

自那以后，我再也没有把母亲锁在门外，因为在男子汉的世界里，不允许这样的事情发生。

我小时候的经历充分证明：孩子需要管教。尽管很多书中清楚地要求孩子要尊重父母，但是孩子们时常做不到。事实上，孩子天生叛逆。尽管我们为孩子奉献、理解并指导他们，尽管我们一心爱着孩子，但是这并不代表孩子什么都会听家长的。

孩子总是不服管教，这时家长该怎么办呢？

管教不是惩罚

管教在希腊语中是"paideia"，这个单词包含着"改正"的意思。我们纠正孩子，不是为了指出过去的错误，而是为了他们的将来着想。管教意味着帮助孩子改善并改正他的选择和行为。从这个意义上看，我们管教孩子，就是要教育他们做正确的事。

我们殷切期盼孩子能够去学习，因此"趁孩子还小时，管教好他们"。

尽管责备孩子会让他们伤心，但是这种管教并不等同于惩罚。管教是为了让孩子走上正途，我必须竭尽所能让孩子明白，改正错误是件好事，同时，向他们指出该怎么去做，而不是在一旁冷言冷语："你迟早会付出代价！"

孩子幼稚、不成熟，他们注定会做出很多让人讨厌的事情，但不是所有惹家长生气的行为都是坏事。孩子这么做，并不是为了冒犯父母，而家长的一部分责任就是能分辨出这两者的差异，判定是否因为某件事孩子就应该受到管教。

大卫回想自己九岁时，他热情洋溢地想要成为职业联赛中的一名投手。因此当他在电视上看到有人拿胶带围出一个好球区时，他也如法炮制，在车库后面也圈出一个区域。但是，家里车库是铝板做的，大卫并没有考虑到他每次投球都会在车库上留下明显的凹痕，而且在他看来，没人会注意到铝板上面巨大的凹痕，而事实证明，所有人都看到了。大卫后来并没有因此遭到指责，因为他对我们所有人说："你们知道棒球对我有多重要，而且我也不是有意要在车库留下凹痕的。我这么做愚蠢吗？没错，是很愚蠢，但是我并不是有意而为之。"

当我和大卫再回想这件事时，我告诉他："这件事我记得很清楚，我很难过，极为震惊！我好几个礼拜都不能释怀这件事！因为你 15 个球里居然才投中了 2 个！"

的确，父母并不是每次都能够轻易判断出，哪些时候是孩子不听话，哪些时候又是他们幼稚、缺乏判断力。我曾提出教育孩子的一个重要原则，即父母要"跟随良知"教育孩子。教育孩子并没有定式可循，我们在管教孩子时，必须冷静思考，权衡利弊，做出主观判断。

但是老实说，管教孩子并不是件有趣的事——对孩子和家长都是如此。孩子不会觉得受到纠正，或者遭到斥责是件有趣的事，而对于疲惫的父母来说，成天纠正同样的错误也是件极具挑战、十分费力的事情。可是，如果管教孩子会造成这么多不愉快，那么家长为什么还需要这么做呢？

一切都是出于爱。正是由于父母对孩子充满了浓浓的爱，在乎他们，关心他们，所以才会忍受教育的烦恼和不快。

如何管教孩子

　　我之前已经说过很多次，我和莎拉的抚养孩子之路并非一路平坦，我们在迷茫之时，翻阅了书中关于管教孩子的内容，然后深受启发，之后我们所做的也只是尽人事，听天命。我们尽可能做到友善公正，避免伤害孩子的心灵。然而在管教孩子时，虽然我们自认为尽力聆听了孩子的心声，但还是会犯很多错误，和天底下的其他父母没什么两样。我和莎拉也会对自己犯过的错误感到后悔，孩子长大之后告诉我们，他们也倍感愧疚和羞耻，因为他们的父母虽然总说要用宽厚仁慈的管教方式，但有时却也不起作用。但好在，我和莎拉还是做了更多正确的事，我们的大儿子乔纳森在成年后成为一名临床心理学家，他在三十六岁时写下了如下文字：

　　我的父母在很多方面对我产生了巨大影响，例如抚养、教育以及信仰。在一个心理咨询师家庭长大，或多或少会和别的孩子有所不同，因为所有人都很早就认识了我们，但除此之外，我们的童年其实与常人无异，也有着慈爱的父母。时至今日，我珍视并感谢父母在抚养我们的过程中所展现的智慧与洞察力，受到他们的影响，我坚信家长应该成为孩子生命中的严师益友。家长制定的规矩要明确，要主动与孩子进行讨论。在必要时，家长要在不带情绪的前提下，再去管教孩子。身为父母，我们自然也会有生气的时候，但是所有正确的决定，都要在气消之后才能做出。在父母气恼之时，对孩子根本谈不上管教。

管教孩子时，父母通常会告诉孩子，自己所做的一切都是出于爱，而孩子通常不信，反而会讥笑着说："嗯，没错，都是因为爱我们。"然而多年后，我们才会明白父母的良苦用心。当我们成为父母后，该怎么杜绝这样的情况呢？

或许，我们可以试着：

· 制定明确公正的规矩。
· 不在自己生气时与孩子对峙或纠正他们的错误。
· 在必要时，让孩子学着承担后果。
· 在孩子表现很好时予以奖励。不论是什么情况，都要向孩子表明自己的爱。

教育孩子从来都不是一成不变。孩子两岁以前，当他做错时，我们要去分散他的注意力，而不是实施管教，因为那时的他们并不理解管教的含义。例如，如果孩子情绪不好，你只需对他说："瞧，书上的那只鸭子在做什么呀！"这一招通常会管用，可能会转移孩子的情绪和注意力，但是孩子过了两岁以后，通常就不那么容易分心了，这时，你就需要制定简单的规矩，尽你所能管教孩子。

如何制定明确公正的规矩

"制定规矩"这个词，听起来似乎和法律有着什么关系，甚至有点刻板与教条的嫌疑。然而，生活中处处都是规矩，我们和孩子都必须学会接受与遵守规矩。即便是小孩子做游戏，也不能没有规则。

在家中，我们制定了明确合理的规则，用来为家庭成员提供指引。为孩子制定规矩，与和成年人打交道不同，我们必须要格外明确和公正，不要想当然地认为孩子知道你的规矩。在管教孩子之前，一定要确保你做出过指导，已经明确告诉过孩子们不能如何或必须如何。

如果我们没有给孩子立规矩，结果会怎样？答案就是，他们就会自己制定规则，并且通常并不如你所想。例如，在孩子说话没礼貌时，你并没有告诉他们应该遵守什么规则，那么，这就相当于你放任孩子制定了这样一个规则——"我可以说话没礼貌"。无论什么年龄段，规矩都是不可避免的，要么由家长立规矩，要么孩子自己定规则，如果你不想孩子肆无忌惮，那么就要先明确告诉他们规则。

立规矩只是第一步，在你立好规矩之后，要记住，一个好的法律条文和规则的基本准则是：你想要别人怎样对待你，你就要怎样对待别人。依据这条黄金法则，我自己制定了"如果——那么"法则。

> 黄金法则："你想要别人怎样对待你，你就要怎样对待别人。"

如果柜子是你打开的，那么你就要负责关上它。如果地板是你弄脏的，那么你就要负责清理干净。如果电视是你开启的，那么你就要负责关闭。例如，我们可以对孩子说："如果有人打开了你自行车的车锁，但是之后没有锁上，结果车被偷了，你的感受如何呢？"孩子知道自行车被盗他会非常难过，因而他也会很容易明白，如果他没有锁上哥哥的自行车，导致车被偷，那么哥哥也会很难过。你想要别人怎样对待你，你就要怎样对待别人，这很公平，孩子也很容易理解。（做母亲的对此似乎都能知道，但是父亲们则需要被提醒。我和莎拉在写这一章时，她很快便指出，昨天我就没有关橱柜的门，也没有盖上花生酱的盖子——而且这已经不是第一次了！）

我一定要强调，父母务必要告诉孩子制定某条规则的原因。不要为了图省事就简单地说一句："因为我说了必须这么做。"采用这种粗暴的方式，不仅在变相告诉孩子你是个不愿意动脑子的家长，而且也是一种对孩子不负责任、不爱孩子的行为，更严重的是，还会激发孩子更多的叛逆行为。父母制定的规矩，其最终目的是要让孩子觉得有道理，而不是让他们迷惑或灰心。

对于孩子，仅制定规矩是不够的，我们还需要制定两种规矩：一种是有得商量，另一种是没得商量。父母们可以通过不同的情况决定采用哪一类规矩。

不容商量的规矩

当我和莎拉刚开始教育孩子时，我们从一开始就决定了，不论文化潮流是如何变化的，我们也要让孩子们遵守一些永恒不变的规则。比如"永远不说谎"是一条不容商量的规矩，自打孩子懂事起（大概是两岁的时候），我们就教他遵守这条规矩。鉴于我的工作，这些不容商量的规矩与十诫的内容雷同，或许并不是一个巧合，而是有意为之。此外，我们制定的这些规矩是"不分年龄和阶段"，不论孩子多大了，处于怎样的发展阶段，这些规矩都一样颠扑不破，他们每天都必须学习不说谎，不欺骗，不偷盗。这是为什么呢？因为如果我们要成为一个正直的人，成为受到热爱和尊敬的人，那么我们就必然不会对别人说谎、欺骗别人或偷别人的东西，这个没什么例外可言！没有人喜欢被人欺骗，既然如此，我们也不能去欺骗别人；没有人喜欢遭遇偷盗，既然如此，我们也不能偷盗别人。凡是我们不喜欢的事，我们也不能对别人做，这就是不能更改分毫的黄金法则。

在我们家，另外一条不容商量的规矩是：如果你想要成为受欢迎的人，那么就不要随便发火、摔东西或者伤害别人。我们教孩子，作为一个家庭，我们绝不允许有人故意破坏，无论是损坏东西还是伤害别人。没错，当孩子还在蹒跚学步时，我们会容忍他偶尔发脾气，但是随着年龄的增长，我们必须让孩子意识到，愤怒的行为不可以容忍，必须受到遏制，如果我们不想被别人伤害，那么自己也不可以去伤害别人，这也是雷打不动的黄金法则。

从孩子对父母的尊重角度来说，我们制定出规则或规矩，也能让孩子更好地践行这一点。我们告诉孩子："我们希望获得尊重，我们尊重你，因此希望你也可以尊重我们。我们不会对你没礼貌，所以你也不应该对我们没礼貌，这样才算公平。"

然而必须说明的是，即使是这种不容商量的规矩，当孩子触犯时，我们不能因为黄金法则的不可撼动，而表现出震怒，我们仍然要表现出宽容和仁慈，并在这样的氛围下坚守底线。宽容并不意味着我们要容忍孩子做错事。相反，我们要让他们先承认错误，然后重新开始。不容商量的规矩也不容改变，它们经得起时间的考验。

哪些规矩可以商量

可以商量的规矩，并不像十诫一样不容变更，而是可以随着孩子的成长，根据不同的发展阶段而发生变化。可以商量的规矩要受年龄和阶段的限制，孩子年龄和所处阶段的不同，将会使得其发生变更。

可以商量的规矩，不完全符合"如果——那么"法则以及黄金法则的内容，但又不完全背离。制定和执行这类规矩的最好办法就是，告诉孩子"因为这样做对你和大家都好"，让他们主动欣然接受。比如告诉他们，他们要睡觉是因为他们需要睡眠，他们吃绿豆是因为他们需要获取营养，他们打电话告诉家长自己的行踪是因为家长会担心。

家长要制定多少可以商量的规矩呢？每个家庭的情况会不同。在我们家，我们制定了关于宵禁、就寝时间、看电视、穿戴干净、健康饮食、按时写作业、系安全带和不大声喧哗等规矩，我们也会视具体情况而定，酌情增加合理、必要的规矩。我们这么做，是因为我们想要尽力做出正确的事情，而有时候，通往正确的路是需要不断调整修正的。

毫无疑问，我们也不想制定出一大堆规矩，因为这样会让我们像个霸道的独裁者一样，不断颁布令人窒息的条文。但是我们也不要成为对孩子放任自流的家长，同意孩子不守规矩，就相当于是在无视法律。

在处理这些可以商量的规矩时，莎拉和我有自己的办法："不要因为孩子抱怨就改变规矩，或破例。"孩子的抱怨声确实会给家长带来压力，会让我们怀疑自己确实要求得过分了，从而不断松动，而作为家长，必须要学会增强这方面的抗压能力。我们要努力不让孩子觉得"只要抱怨的时间够长，声音够大，规矩就可以改变甚至被忽略"。

作为可以商量的规矩，当然留有商量的余地，偶尔破例也无伤大雅。比如"好吧，你今天晚上可以熬夜看奥运会体操比赛"，这可以给孩子留下美好的回忆。但是，一旦规矩频繁被打破，麻烦也就接踵而至，孩子不会再因此快乐，反而会成天抱怨，因为他们发现只要自己不停地烦家长，家长就会忍不住破例。对于规矩，父母在态度上保持一致性是非常重要的。规矩不是一天立起来的，例如今天要求孩子"吃早饭之前要整理床铺"，第二天就破了例，"哦，没关系，我来帮你铺床吧，你上学该迟到了"。这样不持久的行为，孩子们根本无法学会规矩，就更别说遵守了。

一个好的策略是，在孩子的童年时代，父母们不妨做一个"善意的独裁者"；然后等孩子进入青春期时，再采取更为民主的方法。等到时机成熟，邀请孩子们帮你定规矩，这样，你离你的最终目标——不再掌握"执法"的权力也就更近一步了。

说清楚了规矩的类型和注意事项，我们再来说些更加实际的问题，首先就是，当孩子不守规矩时，父母该怎么办？

答案就是：心平气和面对孩子，并纠正他们的错误。

我们都知道，孩子不会总是守着规矩，他们毕竟是孩子。因此，不管你制定了怎样的规矩，你都必须时刻注意它们的执行情况，并为之负责。这也就意味着，当孩子违反、忽视或忘记规矩时，你必须与他们对峙，纠正他们的错误。家长的管教，包括制止和纠正孩子的行为，同时还要表现出对孩子的爱。

在孩子无意或有意违反规矩时，很重要的一点是，无论你心里多么恼火，也要心平气和地面对孩子，纠正他们的错误，不能使用高高在上的口吻，不能让孩子觉得你认为他们是傻瓜，这样做只会削弱你的权威性。如果你对待他们满怀愤怒，不含一丝爱意，那么你无疑做了一个最坏的示范，孩子们是无法从你的轻蔑中学会尊重你的。

谦逊，并怀有爱意地与孩子对峙，这是父母需要做的。父母既要避免对孩子不管不问，同时，也要避免大发雷霆。

然而我也深知，现实不总是那么如意，问题的解决也不会那么轻松。当父母满怀爱意，制定的规矩也没有错处，可孩子就是不愿遵守并置若罔闻时，我们又该怎么做呢？为了孩子以及整个家庭，这时我们就要继续与孩子对峙，纠正他们的错误，然后让孩子信服，并付诸行动。孩子需要听到家长礼貌地告诉他："你这样做既没有礼貌，也不合规矩，你知道后果会是什么吗？"尤其对于那些很有些倔脾气的孩子，家长定下规矩很可能会激发他们的叛逆心理。因此，在这种情况下，我们要平静地告诉孩子："如果你继续这样说话没礼貌，不会有好结果。你必须现在就改正，为你的无礼道歉，如若不然，你就要承担后果"（后文会就"后果"做具体说明）。

当你强调礼貌的重要时，孩子便会明白，只要他们有礼貌，就算是对某条规矩表示抗议，也未尝不可。我们可以告诉孩子，尽管在他们不高兴的时候，只要他们能够做到有礼貌，他们的想法就会更容易被家长接受。我们还可以教会孩子："你可以采用有礼貌的方式表达情感和思想，而这样做对自己也更有利。"

对于年幼的孩子，这些道理与逻辑则未必那么好用了，因为他们年纪太小，并不能轻易明白其中关窍，因此，应对他们不礼貌的最好方式，就是"隔离处分"。遇到孩子在公共场合说出不礼貌的话时，家长要以一种镇定、有尊严的方式陪同孩子离开。当只剩下孩子和父母时，父母可以单膝跪在地上，与孩子视线平行，当面谈一谈刚才发生的事情。"你刚才骂姐姐是笨蛋，这种行为很没有礼貌。爸爸妈妈从来不会说那样的话，我们也不会允许你那样说，你明白吗？"但同时也一定要向孩子确保，"如果有事让你感到沮丧，你一定要来找我，告诉我你的感受，我会努力去帮助你。"这样他既能感受到你的威严，也会感受到你的爱。

　　关心孩子并不是什么都要顺着他的意思来，正相反，爱他，就意味着某些时刻必须与孩子对峙，纠正他的错误。对孩子漠不关心是不爱孩子的表现，敢于发出声音才是爱的表现。例如，一位父亲提到，在儿子对母亲有不礼貌行为时，他是这样面对儿子的："我改变了对塞米的教育方式。过去当他对他的母亲凯伦不礼貌，比如不按要求弹钢琴时，我不会介入。但是这一次，我把他带回房间，第一次郑重其事对他说：'我绝不允许有人对你妈妈说不礼貌的话，不管是邻居，还是朋友，更何况你还是她的儿子，这就更不被允许。以后你好自为之。'"可喜可贺，这位父亲终于觉醒，意识到要直面孩子的无礼，他的做法奏效了。

　　当你思考该如何在实际中应用这些例子时，你应该牢记：关系会决定反应。这句话的意思是，如果我们经常与孩子对峙，而不去同时维系和孩子的关系，这好比是在透支感情，长此以往感情就会破裂。从积极的角度看，一个母亲坐下来待十分钟，看孩子们打棒球，或许母亲想象不到这会对孩子产生多大的激励，但是它足以加深母子之间的感情。那么，之后这位母亲再要求孩子别说话，必须睡觉时，她的话会更管用。一个父亲如果能带女儿出去吃饭，享受一顿只有父女二人的晚餐，那么他也会加深与女儿的感情，这样一来，等父亲再要求女儿收拾房间时，女儿就更愿意听话。一般来说，你和孩子的感情，决定了孩子能在多大程度做出积极的回应（例如，你关爱孩子，孩子就会尊重你——这就是家庭充能圈）。

管孩子理所应当，然而如果每次孩子不听话，我们就一味地责备他，而不去在另一些时候表达对他的爱，那么孩子就会灰心丧气。

同时，父母虽然要保持礼貌，也不要压制所有的负面情绪。你可以不发泄怒火或悲痛，却可以通过其他方式让孩子知道你的心情。我的女儿曾经提醒我，她还记得有好多次，我和莎拉表露出我们很难过的样子，这让她触动很大。"你们引起了我的共鸣，"女儿说，"家长不应该成为冷漠无情的机器人。"

没错，我和莎拉很多时候也会生气，但是我们总是努力践行："生气但不要犯罪，不可含怒到日落。"我们的信条是："要控制孩子，首先我们要控制自己。要管教孩子，我们首先要做到自律。"的确，生活不总是如意，但我们要振作起来，竭尽全力：当在面对孩子，纠正他们的错误时，我们要保持沉着冷静、泰然自若。

以上我所说的，都是管教成功的例子，然而，有时候父母只顾着与孩子对峙，忽略了后续关键的纠正错误环节，那么，这样的管教显然效果不会理想。

这时，我们就必须让孩子学会承担后果。

必要时，让孩子承担后果

人要承担后果，这是永恒的真理："行不义者，必受不义之报应。"这条原则也适用于我们对孩子的教育：习惯性做错事的人，就应该承担相应的后果。家长们应该懂得宽容、仁慈与饶恕，但是这并不意味着孩子做错事后可不必承担后果。

有些家长可能会说："我不知道该怎么做。"事实真的如此吗？你只需要上网检索"适龄的惩罚"，立刻就会找到大量实用、有创意的信息，你不必全按他们说的来，但是他们确实可以为你提供有价值的借鉴，而且你也可以得到这样的安慰感：孩子犯错很普遍，面对这种问题，并非只有你一个。

大体说来，孩子需要承担的后果有两种，一种是自然的后果，另一种则是人为施加的后果。无论是哪一种，我们都不要忘了告诉孩子，让他们承担后果绝不是为了惩罚他们。你必须诚恳地告诉孩子："我这么做是出于对你的爱护，并不是为了惩罚你。"

自然的后果：顺其自然

如果孩子在生气时将游戏机摔在地上，游戏机摔坏了，那么孩子会知道，在重力的作用下，他能够破坏自己的财产。当孩子摔东西时，大自然会让他得到教训，如果使劲将东西扔到地上，东西就会坏。但在这时，父母也要发挥作用。当孩子一怒之下摔坏了游戏机，那他以后就没有游戏机可以玩了。父母千万不能给孩子再买一台，即使要买也要从孩子的零花钱中扣除，所谓承担后果，就是要让孩子面对很多无法弥补的事情，并从中觉悟。

教育孩子的最好方式就是，让他们为自己的错误埋单。一个青少年在开车时发生了两次小事故，那么他就要自己出钱弥补保费的增长。这种情况下，不需要孩子出很多钱，只要足以让他能得到教训，明白做错事会产生代价就行了。因为当你出了车祸，保险公司不会说一句"没关系"就了事，爸爸妈妈在孩子犯错时，也不应该无动于衷。

我直到十一岁才不再尿床，我认为原因之一是母亲一直没有让我承担后果。当她要我承担后果之后，我立马就不尿床了。通常我醒来发现自己尿床后，就会去找母亲。她会帮我换床单，让我穿上干净的睡衣，之后我会再钻进被窝。直到有一天晚上，我去叫母亲，她并没有搭理我。我在一旁喊"妈妈！妈妈！"足足叫了有半个小时，但是一直没有人回应。

我起身来到母亲的床前，摇了摇她。"你想要干什么？"母亲平静地问我。

"我尿床了，你得帮助我！"我在一旁抱怨。

母亲告诉了我干净的睡衣和床单放在哪里，然后跟我说她不会再帮我做这些事，因为"你现在能够自己动手了"。

毫不夸张地说，我一夜之间学会了换床单和睡衣，或者说承担了尿床的后果。尿床的后果并不好受，之后我的大脑接受了这条信息，立马就不尿床了。后来我才知道，那是一位邻居告诉我母亲的方法，母亲一直犹豫不决，直到那个命中注定的夜晚，改变了我的生活。承担尿床的后果对我来说意义非凡，在那之前，我一直羞于和朋友一起过夜或者睡在睡袋外面，因为我知道自己可能会尿床，遭到别人的耻笑。承担尿床的后果促使我改变自己，从而获得了自由，我不再受制于这个毛病。在那天晚上之前，母亲一直以为帮我是爱我的表现。但是，她终于意识到，那样做并不是在帮我。所以她咬紧牙关，经受了短暂的痛苦，让我去承担后果，这样我才得以享受成长的快乐。

在很多情况下，自然的后果足以让孩子得到教训，但是有时，你也要人为地施加一些后果，才能让孩子引以为鉴。

人为施加的后果，要注意合理

有些人称其为"合理的后果"，但是我更喜欢说成是"人为施加的后果"，因为这些后果通常是因人、因情况而定。我认为，人为施加的后果要合理，即必须让孩子和家长都觉得有道理。你的孩子或许因为年龄和经历的关系，不完全明白你的逻辑，但是你必须坚定地"做认为正确的事情"。

你可以依据孩子不听话的程度施加后果，比如让他们回房间反省、做额外的家务，或者剥夺他们的一些特权。对于年龄尚小的孩子，有人建议，随着孩子年龄的增长，延长隔离处分的时间，每年增加一分钟，这不失为一个好的原则。让一个两岁的孩子静坐两分钟就已经是极限了，他会感觉很难受，而这也足以表明你的态度。

在让孩子承担后果时，还要同时讲道理，让孩子明白为什么你必须这样做。一位父亲在给十岁孩子的一张便条中写道：

你跟妈妈说话的方式是不对的。她是我的妻子，我爱她，同时我也爱你。实际上，正因为我很在乎你，所以这种行为必须停止，你这样做伤害了所有人。为此你要承担后果，这周六你得剪草、耙落叶，然后再帮我清理垃圾。

爱你的爸爸

一位哲人以一位父亲的口吻写道："我写这些，不是叫你们羞愧，而是像父亲对待子女一般，警戒你们。我爱你们，希望你们健康成长，不会被宠坏。"

在人为施加后果时，你必须要坚守阵地。一位母亲写道："我会努力考虑到当下和未来，如果由于某种原因我罚孩子禁足，那么我必须坚持到底，即使这样做我的心情也很沉重。因为我知道，一旦我心软，孩子总能找到各种借口让惩罚作废，并且下次再犯。"

我清楚地记得，乔纳森十六岁那年发生了一件事，当时他觉得自己很聪明，实际上言行却十分粗俗无礼，即使在我说过他之后，仍是不知悔改。因此，我提出："既然你不愿意改正，我们就这么办——你每说一句粗俗无礼、让人恼火的话，我就从你的零花钱中扣一美元。"他显然明白了这么做的后果，但是出于叛逆，他还是违反了四次，所以他欠了我四美元。恼怒之中，他再次挑战了我的底线，跟我说这样做很愚蠢。我不知道该怎么教育他，不知道他还要再做多少无礼的事，但我一直在心里计着数，起初他并不当真，直到扣到了二十三美元时，他才冷静下来，意识到了自己愚蠢、失控的行为，后悔自己没有早点意识到错误。乔纳森明白我这样做是为了让他讲话有礼貌，为自己的愚蠢付出代价，正好戳到了他的痛处——零花钱。

不管是自然还是人为施加的后果，家长的做法都不宜过度。比如，一个学龄前的孩子心不在焉地把自行车停在大街上，然后被邻居开车压坏了，发生这种事孩子已经够伤心的了，他需要你同情他，帮他出主意，告诉他怎么才能赚到足够的钱，买一辆新的自行车。另外，如果因为一个十多岁的孩子错过了宵禁时间，就罚他禁足一个月，对孩子和你来说，这种惩罚都有点过度了。

管教孩子对于父母来说是最困难的事情。为此，我们在教育子女时必须坚持这样的原则：我要坚持让孩子承担后果，因为我深爱着他们，因此我不能任由他们有意或者无意不听话，不去做正确的事。

如果孩子能够恭敬地承担后果，父母该怎么办呢？本书第四部分，我和莎拉将重点介绍我们管教孩子的方法。

夸赞并奖励服从

很多家长对孩子的管教存在着问题，因为他们急于把纠正孩子的错误行为作为重点，希望尽快看到成效，却并没有考虑如何让孩子尝到听话的甜头。家长的这种做法，会让孩子泄气，让孩子觉得，改正错误又有什么意义呢？反正爸爸妈妈不管怎样都会认为我是个坏孩子。

用图表记录奖励对年龄小的孩子特别管用。很多家长采用的方式是，记录孩子遵守规矩（例如打扫房间、整理床铺、刷牙）的情况，完成一定数量后，孩子就可以获得某种奖励——一张贴纸、一片口香糖，或者某种对孩子有意义的认可。奖励的金额是多少并不重要，家长的认可才是孩子进步的动力。你要仔细想一下：孩子遵守家里的规矩却从未得到奖励，这就好比成年人每天去上班，却从来拿不到工资一样。

在此我要提醒各位家长，在夸奖孩子时一定要说明理由。孩子守规矩的动机不应该是为了获得奖励，而是真心觉得这样做是对的。任何奖励都只是额外的奖赏。

尽管家长不会事事都奖励孩子，但是若想要让孩子在做错事时感到愧疚，那么就需要让他们在做好事时对自己有信心。请记住，虽然承担后果是孩子的必修课，但是如果孩子接收的都是负面反馈，那只会产生更多消极影响。在管教孩子的过程中或者管教之后，家长也要表扬孩子拥有的优良品质，比如对孩子说："我很欣赏你有自控力""有礼貌"，或者"有能力做到更好"。下次在孩子表现好的时候，一定要对他说："谢谢你能够毫无怨言地按照我的要求去做，你的行为让我非常以你为荣。"

不管怎样，告诉孩子你爱他

管教孩子时，最后一步也是最关键的一步是，向孩子表明你对他的爱。我和莎拉总是齐心协力，努力让孩子明白：

·"我们为什么要定规矩？因为我们爱你，想要做出对你以及整个家庭最有益、最公正的决定。"

·"我们为什么要和你对峙，纠正你的行为？因为我们爱你，所以我们不想你走入歧途。"

·"为什么有时我们要你承担后果？因为我们非常爱你，所以我们不能任由你违反规则却不去改正，那样做对你和我们都没有好处。"

世上没有完美的教育方法，也无法培养出十全十美的孩子。管教孩子就是根据情况采取看似最好的行动。我已经把自己教育孩子的方法分享给你，在多数时候这个方法还是管用的。不论在

　　什么时候管教孩子，你都不能让自己变得冷酷无情或者过度宽容，你要坚定但不苛刻，不偏不倚，始终如一，最重要的是，请你用爱管教孩子。

第8章

鼓励：帮助孩子成功，但不要使其失去信心

　　我很想问问你，你多久鼓励孩子一次？我所说的"鼓励"，是指"激励、鼓舞某人，使其有勇气、有信心"。家长都明白鼓励对孩子很重要，但是在忙碌中，家长却常常会容易忘记鼓励孩子，一方面是日常工作很繁忙，而另一方面，家长也会本能地先去纠正孩子的错误，希望借此帮助他们变得更好。

　　下面这个关于乔治·布雷特的故事，就生动地讲述了家长未能鼓励孩子后会出现的情况。乔治·布雷特是有史以来最优秀的职业棒球投手之一，他曾效力于堪萨斯城皇家队，1980 年，他的打击率达到了 0.390，第二次赢得了美国棒球联赛的击球冠军。赛季结束回到家后，他听到父亲说的第一句话是："你居然跟我说，你打不出更好的成绩？"他的父亲对 0.390 的打击率并不满意，他想要儿子打出 0.400 的成绩。像往常一样，父亲的关注点是乔治没有做到什么。"父亲总是拿我和三个哥哥做比较，"乔治回想道，"他从来没有拍着我的肩膀，对我说'你做得不错'，想

必在他有生之年，他都不会这样做。"

即便是已经做出优秀成就的人，依然会因为得不到父母的鼓励而失落，这种情况如果放到尚未经事的孩子身上，其负面效果会更严重。我们总是害怕孩子骄傲，或希望他们尽善尽美，于是有意无意地对孩子进行批评，却吝啬于给予孩子他们所期望的鼓励。

每个孩子都需要鼓励

家长切莫只想着批评孩子、苛求完美或者逼迫孩子发挥潜能，却以此作为从来不鼓励孩子的理由。事实上，孩子们是急需获得肯定的。我收到很多人的来信，他们都提到了自己小时候很少得到父母的鼓励：

·"我父亲是个很爱挑剔的人。他会在一分钟内让你信心倍增，然后用剩下的五十九分钟击垮你。"

·"我很擅长运动，但是父亲从来没有来看过我的一场球赛。"

·"我父亲从来没有听过我的乐队演唱会，即使首席打击乐手是我。"

这样看来似乎父亲们才是罪魁祸首，他们总是吝惜对孩子的鼓励，但是这不等于母亲们就没有同样的问题。一位妻子写信给我："直到结婚我才见到他母亲。她对我很友善，但是对她的儿子就大不相同——她对我丈夫漠不关心，态度冷淡，也不愿意多说话，两人的感情很淡……我突然理解了，为什么丈夫平日里会有那些冷漠的举止。丈夫告诉我，母亲总是觉得他比不上姐姐，从来不夸奖他，也没有对他流露过喜爱之情，只会否定他，有时甚至会恶言相对。"

每个孩子的内心都渴望来自父母的爱与肯定，即便孩子们不会表达，也不代表他们不在乎。鼓励是孩子成功的基石，所有的孩子都渴望鼓励。

孩子都需要听到家长说："你能行！你可以做到！"他们渴望听到："我为你的成就感到骄傲……你成了这样出色的人。好样的！你真棒！"

不少家长之所以不去鼓励，是因为他们认为鼓励并非成长中的必需品，然而真相是，孩子一旦缺乏鼓励，会让他们变得难以管教。孩子对家长做出很多消极反应，并不是因为他们"学坏了"，而是他们感到了灰心丧气。

一语天堂，一语地狱

一位哲人说过："要警戒不守规矩之人，勉励胆小之人，扶助软弱的人，忍耐众人。"这句话同样适用于教养孩子。

因为孩子很脆弱，所以作为家长，不要让孩子恼怒或痛苦，因为孩子会沮丧或"失去信心"。父母会无意中说出一些残酷的话，很多人的来信可以证实这一点。

一位女儿记得父亲对她说："拿枪崩了你都是浪费子弹。"

另一个来信者提到："我找工作时，父亲说'哪个公司会要你这样的人？'"

还有一位女儿提到，她嗜酒成瘾的父亲告诉她："没有男人愿意碰你，或者看你一眼……永远不会有男人爱你。"

但是，语言并非只会带来伤害，它同样也可以用来增强信心、赞美以及鼓励他人。

现实中这样的正面例子也不在少数，作家玛吉·路易斯就讲述过一个故事。一天晚上父亲接到了女儿从大学打来的电话，女儿因为违反规定被学校开除了。沉默良久，父亲对女儿说："辛迪，我想你还是做下一班飞机回来吧。"说完他便停了下来，思考怎么才能让女儿吸取教训，最后他告诉女儿，"记住，当你退后几步欣赏一幅画作时，通常阴影线会凸显出画的特色和美感。"

这番话是多么智慧，多么令人满怀希望啊，他没有训斥女儿所犯的错误，而是告诉她生命中的阴暗遭遇其实也是不可缺少的一部分。这位父亲向我们展现了，在孩子令家长失望时，家长也要关爱、激励，并且鼓舞他们。

鼓励孩子并不难，只要你对孩子多点信心。我并不是要家长不切实际，而是要他们能清楚地表述当前的问题，制订出前进的计划，向孩子灌输一个信念，那就是任何当下的坎坷都不代表未来，在未来他们可以转危为安。我们要相信车到山前必有路。只要你寻找，总能发现事物积极的一面。我不禁想起一位女士曾对我说，自己非常乐观，她觉得恶魔也有优点。当我问为什么时，她立刻回答："因为恶魔总是锲而不舍！"

当回顾自己和莎拉是如何鼓励孩子时，我想到了三个重要的方面：

· 鼓励孩子一切皆有可能。
· 鼓励孩子对自己以及要做的事情有信心。
· 鼓励孩子成就他自己的人生。

这三点对于孩子的教育至关重要，下文我将分别从这三个方面分享一些与之相关的故事以及建议。

鼓励孩子一切皆有可能

鼓励孩子，听起来是件很简单的事，你只需要走到儿子或女儿身边，尤其是在他们灰心丧气的时候，安慰他们，让他们重拾信心，告诉他们人生在世自然会有不如意。然而在很多家庭中，父母在孩子小时候确实经常会鼓励他们，但是当孩子渐渐长大，尤其是在家里孩子变多了的情况下，年长的孩子就会陷入"得不到鼓励"的困境，感到怅然若失。这事就发生在我的二儿子大卫身上。大约在他七岁的时候，哥哥乔纳森不愿意理他，而妹妹乔伊作为最小的孩子，自然成了家人关注的焦点。我能感觉到大卫有点失落。有一天，当我们在迪士尼世界逛礼品店时，我偶然发现了一个玻璃的泰迪熊存钱罐，胸前写着"大卫"两个字。

"大卫，快看这个泰迪存钱罐，"我激动地说，"我要把它买下来送给你，你就是爸爸独一无二的泰迪熊，没有人能够取代你的位置。"

大卫露出了笑容，一连好多天，他总是追着我问："我真的是你独一无二的泰迪熊吗？没人可以取代我吗？"直到现在，我还保留着那个泰迪熊存钱罐，它就在我办公室的架子上。我可以肯定，那个存钱罐对大卫意义非凡，在小时候给了他诸多鼓励，现在大卫长大了，存钱罐对我的意义反而更大。父母要发现孩子的需求，了解孩子的兴趣、忧虑，尤其要意识到，他们现阶段面临的挑战或困难。鼓励孩子的方法有很多种——简单地夸赞孩子几句，送给孩子一个特别的小礼物，比如一只泰迪熊，或者和孩子有一次特别之旅。做这些事不必耗费过多精力或者花很多钱，但却能起到惊人的作用。孩子需要的并不真的是那些物品，而是你——你的注意、关心和陪伴。没什么比得上爸爸妈妈的一句"我爱你""我支持你"或者"你对我很重要"更有力量了。

有时，即使你觉得孩子所遇到的困难不值一提，你也应该鼓励他们。我母亲就很擅长鼓励我。我八年级时进入军校就读，一开始，我对这件事满怀热情，我曾无数次地翻阅学校目录，军校的各类制服、行军队形、步枪和军刀都令我着迷。初到军校时，我期望自己能够展开一场伟大的冒险，但是事与愿违，短短几周，我就思乡心切，打电话恳求母亲让我退学回家，这让母亲措手不及。像往常一样，父亲没有介入这件事。但是，母亲并没有因为我的苦苦哀求就放弃，她告诉我，她知道我很不容易，但是我应该坚持到底，她觉得我会有所成就。

之后她给军校的校长——上校贝利打电话，寻求他的建议。母亲打完电话，上校贝利就亲自约我见了面。这次见面让我再次受到了鼓励，上校并没有斥责我，相反他一直在鼓励我，说我目前的感受很正常，过段时间就会好起来。他让我不要放弃，让我脚踏实地过好每一天，之后再看看会发生什么。他坦诚地对我说："在成长的道路上，有些东西是我们必须要经历的。"

作为一个十三岁、思家心切的孩子，要做到上校贝利建议的事并不容易。然而，在我知道母亲和上校都很理解我的境遇，并且认为我的想法很正常后，我感到如释重负。最终，我咬牙坚持了下来，克服了自己思乡的情绪，在学校留了下来。时至今日，我对母亲充满了感激之情，感谢她没有因为我的哭诉就一时心软，更感谢她在鼓励我勇敢的同时，还找到了能够帮助我的人——上校贝利。母亲在我人生关键的时刻让我有了信心，克服了恐惧，这让我在今后遇到自己无法控制、不知所措的事情时，学会了不轻易放弃。我在军校待了五年时间，取得了多项殊荣，而这段经历，奠定了我未来人生的足迹。

我分享这个故事，是为了鼓励那些不知道是否该让孩子放弃的家长们，在你们感到自己的鼓励无法发挥作用时，或许你应该咨询一个见识广博、对孩子的境遇又很理解的人，请他帮助你和孩子，从而度过危机。很多家长不愿意在教育问题上寻求他人的建议，因为这可能会很尴尬，让别人以为自己的教育并不成功，但是，如果你真的希望孩子能身心健康地成长，那么就要暂时放下骄傲，做对孩子最好的事情。如果一件事需要求助于邻居、朋友或者其他人，那你就必须照做。毕竟，我们自己的经验到底有限，而我们抚养孩子所经历的那些事情，其他家长也必然经历过。为了孩子和自己，我们有必要去挖掘这些宝贵的资源。

什么时候该让孩子放弃

当然，鼓励孩子并不代表无论什么情况，都要让孩子死撑到底，在很多情况下，及时中止错误的决定，反而更利于孩子的成长。只是，如何界定该坚持与该放弃的事情，确实需要费一番心思。

在我的家庭里，如果孩子面临着重要的抉择，什么时候该让他们放弃做某件事呢？我和莎拉对此并没有什么一成不变的规则，主要是视情况而定，也就是说，要看孩子具体放弃的是什么——退出球队、退课、提前离开营地、不去送报纸——我们遇到的情况其实不止这些。但不管怎样，我们有一条大原则：孩子做事要有始有终，如果他们要放弃，那必须是出于自然过渡，比如赛季结束，或者学期末。放弃，不能是一时冲动后做出的决定，孩子的抱怨哭泣，不能成为要挟家长匆忙做出放弃决定的手段。

在面对孩子想要放弃的请求时，请记住，孩子和大人不同，你要充分考虑他们的需求和能力。但是，履行承诺仍是每个孩子必须学习的重要内容。

乔纳森从高二开始送报纸，他一直兢兢业业地工作，直到高三那年，学校的活动占用了他大量的时间。他觉得自己应该放弃送报纸的工作，即使这意味着他会损失一大笔零花钱。我们确定他这样做不是不负责，而是想要在其他更重要的方面负更多责任，毕竟孩子也会有忙不过来的时候，这时候出于大局考虑，有些事情就必须放弃。

话虽如此，孩子因为其心性不稳的特点，难免在责任心上有所缺失，他们总会尽可能地选择相对容易的做法。而父母的职责，就是帮助孩子懂得做事要有始有终，抓住每个机会鼓励孩子勇于体会成长——不管是能成熟一点，还是成熟很多。

当孩子长大，面临各种不同的挑战时，你一定要用孩子能够理解的语言，向他们解释你为什么要鼓励他们迎难而上。比如你可以跟孩子说："人总会遇到你不愿意面对的困难，作为家长，我们对此深有体会，因为成年人也要面临很多困难。我们之所以鼓励你坚持下去，并不是为了我们自己，而是因为只有这样，你才能增强能力，才能更好地面对未来。"

在孩子失败时，我们需要的不是指责与打击，而是要鼓励他们，让他们重塑信心显得尤为重要。这种时候，正是需要家长介入，为孩子加油打气的时候。家长不论什么时候都要有一种能看到孩子优点的能力，即使是整个世界都抛弃了孩子，我们也要坚定地告诉孩子："你值得信赖，你诚实可靠，我们相信你，我们就在你身边！"

鼓励孩子对自己以及要做的事情有信心

每一个孩子都有属于自己的独特气质，家长要做的，就是不断发掘孩子的这种特质，以及孩子的天赋和兴趣。当你发现孩子的优点时，你要向孩子尽力证实这一点，比如告诉他："我和妈妈很高兴看到你可以愉快地和他人交往。""我们认为你有一颗仁慈之心，你真的很在乎别人的感受。""你对机械很感兴趣，这真是太棒了！"

再比如，当你发现孩子做了好事，你也要告诉他们，不要认为孩子做好事是理所应当，你要赞美孩子，让他们知道自己做得没错。"凯利，非常感谢你能在我有事的时候，坐下来陪奶奶聊天，你让奶奶很开心，我也很开心。"一位父亲发觉儿子在和朋友玩耍时，有能力避免和解决冲突，因此他对儿子说："我注意到，昨天你和本约定，先玩一会儿棋盘游戏，然后再堆城堡，我知道你比较喜欢玩堆城堡，但你却很好地照顾了对方的情绪，我很欣赏你处理事情的方式。"一位母亲观察到女儿化解了和朋友之间的矛盾，同时避免了伤害对方，她对女儿说："宝贝，我目睹了你和切尔西和好的过程，她曾经非常伤心，但是你想出了与她和解的办法，我真觉得你很了不起！"

当然，有时孩子也会没礼貌或者不体谅他人，冒失莽撞，或者以自我为中心，这时，你就必须管教孩子，纠正他们的错误行为。但即使是这种时候，你也有可能让孩子受到激励，用他们乐意接受的方式让他们看到自身的错误。比如，如果一个九岁的男孩骂自己的妹妹，这时爸爸就应该出面制止，告诉儿子："杰里米，我知道你长大后想成为一个正派的人，这很好，但是正派的人是不会骂人的，尤其不会对女人爆粗口。"

这些例子中，家长们不仅肯定孩子的品格，还肯定了他们的天赋和态度。如果我们能在基于事实的基础上，对孩子身上的优秀品格进行鼓励，夸他们勤劳、诚实、乐于助人、公正、乐于奉献、坚持、恭敬善学，实际上，这些话能够进一步提高孩子的素质。请记住，家长认为孩子是什么样的人，孩子通常就会成为那样的人。

儿子乔纳森还没有入学的时候，有一天上完主日学校的课程，他见到我时一脸困窘，原因是他从班上拿了一个玩具汽车。我能够看出来，他也知道自己错了，因此我向他解释："这个玩具不是你的，不是自己的东西，不能随便拿走。我们一定要诚实，我们把玩具还回去吧。"那时候乔纳森还不能完全明白我说的某些词语，比如正直，但是我只要有机会，就会向他灌输这些概念，在他表现出诚实品质的时候，我就会表扬他，以加深他的概念。几年后，乔纳森和弟弟大卫因为某件事发生了争吵，大卫觉得自己肯定没错，所以他骂乔纳森是个骗子，而乔纳森则冷静地回答："我不是，我是个正直的人，一直都是这样。"看，父母的鼓励也是孩子自信的来源。

孩子的行为和做法会体现出他们的品行，而家长的任务，就是强化那些细微之处，让孩子将好的继续发扬。家长可以这样正面肯定孩子："你做得出色极了。""我很欣赏你能够帮助他人。""谢谢你能够如此有礼貌地做出回应。""我喜欢你的态度。""你这么做真棒。"具体鼓励的时候，可以针对孩子的具体情况，比如年龄、性别以及他们需要鼓励的地方，从而想出夸奖孩子的话。（阅读第 11 章内容，了解养育男孩和女孩之间的差别。）比如当孩子表现良好时，家长要让孩子知道他这件事做得很好，值得称道。请记住：真心实意的鼓励谁都喜欢，也一定会对孩子产生影响，即使孩子似乎并没有注意到。但是相信我，孩子肯定会留意并且记住你说的话。

而与之相比，指正孩子的错误就更没有什么难的了："坐直了。""不要往嘴巴里塞东西""要记得说'谢谢'"，诸如此类。说这些话时我们不要疾言厉色，而是要以柔和的方式让孩子明白错误，并将坏的尽量修正。

鼓励孩子成就他自己的人生

你希望孩子长大以后成为什么样的人呢？不同家长会给出不同的答案。一位有两个冒失鬼儿子的母亲，可能会笑着说："现在我唯一希望的，就是他们能够平安长大。"其他家长也会详细地描述自己希望孩子该做什么，或者成为怎样的人。普天下的父母，都会对孩子多多少少有所规划。

然而，父母们的那些愿望，就真的是孩子应该成为的样子吗？罗斯·坎贝尔博士在他杰出的著作《如何真正爱你的孩子》中指出了，家长普遍存在的一种不恰当的爱孩子的方式——代偿，即家长希望通过孩子来实现自己的梦想。例如"一位母亲引导女儿（或儿子）去从事她自己向往已久的某种职业"。家长的这种做法，不是鼓励，而是操控他们达到自己的目的。

我听说一位母亲在得知女儿的幼儿园老师让另一个孩子在班级表演中担任主角时，大为恼火。显而易见的是，真正的问题不在于孩子，而是在于这位母亲的自尊心，她认为自己的女儿才该是众人瞩目的焦点。很遗憾，她的这种自私的反应，反而会误导孩子，让孩子认为：如果你在某件事上失利了，那你就要生气和恼怒，而不是有风度地接受失败，对他人表示支持。孩子有样学样，以后难免也会成为易怒和善妒的人。

身为父母，我们要确保自己永远不要做那样的事情，不要因为自己的虚荣心或者其他理由，去影响孩子的人生轨迹，但是，还有一个问题值得我们思考：我们鼓励孩子付出努力，内心的真实动机究竟是什么？有些家长过于害怕孩子未来无法成为受人欢迎的人，执着于为孩子精心谋划未来，这看似是爱，实际上是在设法操控孩子。我们的所作所为，甚至是那些鼓励，应该让孩子自己有勇气自信地面对生活，而不是让他们在不知不觉中在家长的操控下取得世人认可的成功。有时候，让孩子感觉糟糕的事，或许却能让家长感觉良好，我们以为做对了，实际上却越走越远。有不少孩子调皮不听话，就是因为他们察觉到父母的鼓励并不是为了激励自己，而是为了操纵自己，因此用叛逆作为反抗。

还有些父母想要激励孩子在自己并不擅长、不感兴趣的领域取得成功，这往往是因为，父母想要利用孩子弥补自己的遗憾和缺失，这种荒谬的做法，却会使父母自我感觉良好。

我认识一位女士，她的父亲告诉她："你不会有什么大出息。"原因是父亲认为重要的学科，例如数学，她学得并不是特别好。而这位女士最终在护理领域成为了一位成功的专业人士，因极富同情心而为人所知。但是，当这位有天赋的专业人士成为母亲后，她是否就从自己的经历中吸取了教训呢？不，实际上这一循环仍在持续。她的儿子数学不好，但是有很强的社交能力，可这位女士却与父亲如出一辙，只是抱怨儿子数学成绩不好，却忽视了儿子在社交以及帮助他人方面所展示的天赋。

接下来，我们来看另一个例子，父母在某一方面很杰出，例如音乐、学术或者运动，他们就会希望孩子也有同样的天赋。我们需要明白，孩子是有着独特天赋的人，他们不是父母的复制品，擅长的事情未必会与父母相同，父母需要鼓励孩子从事自己喜欢的领域，而不是操控孩子继承自己的衣钵。如果父母做不到，事情就会适得其反，而这种反效果，有时要到一定阶段才能发现。一名牙医曾经告诉我："四十岁了，我感觉自己身体里还困着十九岁的我。十九岁那年，我决定成为一名牙医，只因为父亲是一名牙医。而到了四十岁，我成了牙医，这一结果是当时十九岁的我和父亲一手促成的，可我现在痛苦极了。"

每个人都有特定的天赋。作为父母，我们应该鼓励孩子发挥天赋。没错，英语和数学固然重要，但是更重要的是，上天赐予我们的才能。在孩子的成长初期，我们必须发现孩子的天赋，并予以引导。

你要让孩子知道，你相信他有着与生俱来的特质，并一定能成为他们自己所希望成为的人。

乔伊十岁那年，她在社区经营自己的小生意时，展现了一些创业的能力。我们鼓励她，帮她在小区分发传单。传单是乔伊自己写的，上面记录了她的年龄和联系方式，同时提到："我有能力帮你做一些事情，比如遛狗、喂宠物、浇花、拎东西、清扫门廊或台阶，或者在你忙其他事的时候，帮忙照看学龄前的孩子。我喜欢帮助别人！"通过发小广告，乔伊得到了几份工作，直到现在，她还是保持着乐于助人的进取心，作为爱与尊重部门的事工，她向同一代人传递着爱与尊重的理念。没错，她热爱自己的工作，虽然她现在不再遛狗了，而且还是会把植物养死。

我强烈要求你能够多花工夫赞美并鼓励孩子，但同时也要讲求平衡。过分夸奖孩子，对孩子而言也绝对不是件好事。关于这一点，我问过我的孩子们如何看待，乔纳森回想起自己一度希望父母能够多谈点现实，多提些建设性意见，因为他觉得："我知道自己并没有你们说的那么优秀。"而大卫则说，当他料到我们会说些什么时，我们的夸奖对他的影响就很有限。"不管我做什么，你都说'干得好'，那说这话也就没有什么意义了。"

选择成为善于鼓励孩子的家长意味着，你相信孩子的天赋和才能，并帮助孩子将其充分发挥。鼓励孩子、点燃上天播种在他们身上的火种是件多么快乐的事情，千万不要埋没孩子的才能。我家里的墙上挂着一块匾，在孩子成长的过程中，我们始终遵循着刻在那块木匾上的信条：

发掘他人善意，即使找不到，也要以欣赏的眼光去审视。

这个信条背后的理念是，那些善于鼓励他人的人，总是会先于我们发现我们身上的优点和才能。他们的信任能给我们勇气和自信，让我们努力配得上他们的称赞。这就是鼓励——是父母对孩子真正的爱。

总之，父母要竭尽全力，践行十字箴言——

·以宽宏之心给予孩子。
·感同身受理解孩子。
·用智慧指导孩子。
·公正地管教孩子。
·敏锐地发现优点、鼓励孩子。

父母对孩子所有的美好愿景，都包含在十字箴言中。当然，这是一项艰巨的任务，你会遭遇很多挫折，但如同一位哲人说过的："义人虽七次跌倒，但仍要站起来。"

第9章
家庭氛围影响孩子的一生

让我们做一个育儿小测验：什么对孩子的影响更大？是你和配偶的关系，还是你和孩子的关系？

前六章我们一直在讨论改善管教子女的不同技巧，因此现在的你或许可以轻松回答出："我和孩子的关系。"但是，在咨询过多位结婚超过三十五年的夫妻后，我确信你和配偶的关系——婚姻的力量——同样影响着孩子。

婚姻，是抚养孩子中的一个侧面。

在婚姻中，男人和女人结合为一体，而这种合二为一最重要的体现，就是在抚养孩子上。

婚姻不和会对家庭造成巨大的危害，所以，作为父母，我们要像一个团队一样，通力协作，共同努力，并且相互协调。一位丈夫写信告诉我，婚姻不是比较看谁的主意更好，而是要一起将智慧融汇起来，让生活更好："婚姻是团队合作，你为我，我为你。"

我和莎拉的亲身经历让我们知道，父母缺乏合作会造成怎样的伤害，我们两人的父母都离异了（所幸的是，我父母后来又复婚了），为此我们决定更要紧密联系在一起。我们都亲身体会过"携手并肩必获胜利，分道扬镳必遭失败"这句格言背后的真理。我们的父母失败了，我们因为他们的婚姻失败而受到难以忘怀的创伤，就我而言，在很多夜晚，因为父母吵架，我都会在哭泣中睡着；莎拉也经历过同样的感情伤痛，那些伤痛即便在多年后提起，依然会心中绞痛。因此，我们决定绝不重蹈覆辙，绝对不让孩子经历同样的事情。

在孩子还很小的时候，我和莎拉就认识到父母协作的重要性。但这并不代表我们每件事都能默契地达成一致。我们当然有意见相左的时候，但是我们认为夫妻团结（在家庭中建造和谐的统一战线）与一致（始终在每件事上都统一意见）是不同的。如果每件事都看法一致，那么就没必要两个人一起了。我们常常私下交流孩子的事情，讨论不同的意见，有时我们也会有摩擦，会争论，但是我们知道，男人和女人在一起，为的就是让他们擦出思想的火花。我们相信，彼此的差异会使我们做出更好的决定。

我企盼他们都合二为一。正如你中有我，我中有你一样，也使他们与我们合二为一。

当我们面对孩子时，他们应该知道自己的父母密不可分，这样他们也就不会采取各个攻克的方法，而达到自己的目的。我们的孩子在成年之后印证了一件事，那就是父母的处事方式会影响到孩子。现在乔纳森已身为人父，在回忆和反思我和莎拉的团结一致时，他注意到我们"总是等着一起做决定"。而乔伊回想起："你们的合作亲密无间，我们知道不管怎么努力，'离间父母，各个击破'的招数不会奏效。"

　　一位妻子写信给我，提到了抚养孩子遇到的挑战："我只想和丈夫成为一个团队。我知道他也是这么想的，但是我认为，要想做到这一点，我们还须采取一些行动，而不仅仅是存留于脑海中。"

　　我对此深表同意，夫妻必须采取一些具体的行动，才能做到团结协作，共同经营好一个家庭，因此我建议大家可以采用三个步骤。

婚姻第一，孩子第二

　　这个想法或许听起来很极端，甚至有些人会认为这是对孩子不负责任，并且与这一章的主旨相背离，然而夫妻对婚姻的维护，恰恰是爱护孩子的表现，并且这是对孩子最好的教育方法。一位女士和丈夫已经分居两次了，她写信给我："我觉得婚姻缺乏承诺，缺乏合作，我认为他从未觉得婚姻是最重要的。"

　　如果不能信守婚姻的誓言，我们也就无法很好地抚养孩子。离婚绝对是最后的手段。爱与尊重事务所的成立是为了帮助夫妻挽救婚姻，让他们满足彼此最基本的需要：丈夫需要尊重，妻子需要爱。

　　要注意，一位哲人说过，"丈夫必须像爱他自己一般爱妻子，妻子也必须尊重她的丈夫"，这是阐释爱与尊重的核心话语。在这里，这位先哲先强调婚姻的和谐，然后才提养育子女。

对于妻子和丈夫来说，爱与尊重是他们最基本的需要。许多妻子离开丈夫，是因为觉得丈夫不爱她们，而许多丈夫离开妻子，是因为他们觉得没有得到妻子的尊重。

一些父母们经常跟我说："我爱自己的孩子，所以我真的不想打击或者伤害他们。我深知父母离异对我造成的伤害。我根本不想伤害我家宝贝孩子的心。"

我同意这种说法。为此，要想建立一个充满爱与尊重的团队，我们必须齐心合力。夫妻之间剑拔弩张，会给孩子造成情感创伤。在父母不和睦、分居或离异家庭环境下长大的孩子，通常会意志消沉，很难与另一半建立信任，并且这份缺失即使是在成年后的很多年里，也难以得到改善。无论夫妻怎样尽量掩盖或弥补，无疑都会伤害孩子——伤害我们宝贝孩子的心。

说了这么多消极的事，如何找到积极的一面呢？我们可以先花点时间重温婚姻的誓言，想想你当初是怎么爱上对方的，是怎么暗自发誓要将这份爱坚持到生命尽头。每次在爱与尊重大会的最后环节，我都要强调家庭回报圈：不管对方是否尊重自己，都要爱她；不管对方是否爱自己，都要尊重他。我们对待婚姻（以及对孩子的教育），要像对待信仰一样虔诚。一对夫妇会后写信给我："我哭了，哭得像个孩子一样，尤其是在会议的最后，我学会了如何对待自己的另一半……我正在努力打破多年来摧毁我们家庭的那个诅咒。"

一位丈夫来信说："家庭回报圈的理念激励了我。不管怎样，我都要爱自己的妻子，因为我意识到，这样做不仅是为了妻子，也是为了守护我最珍视的孩子。我们有两个十多岁的孩子，虽然日子很艰难，但我知道自己的职责所在，我意识到只考虑自己的需求，不顾忌妻子是多么自私的行为。"

正确的做法是，我们要先考虑婚姻，然后才是孩子。当我们搞清楚这一点时，好事就会降临到孩子身上，孩子将获得完整的家庭和良好的心态。如果孩子知道父母相亲相爱，尊重彼此，他们就会感受到爱，并将这份爱延续下去。一位母亲是这样说的："当孩子看到我们亲吻、拥抱，一起玩耍时，他们咯咯地笑了，因为他们知道自己的父母彼此相爱，也爱着他们。我们偶尔秀了次恩爱，孩子却喜笑颜开，这是我始料不及的，孩子喜欢看到我们恩爱的样子！"

在孩子小时候，有时他们会对莎拉要聪明，每次我都会出面，告诉孩子："不准那样跟妈妈说话，她是我的爱人。你们长大了会离开家，但是我们会相守到老，所以，不要对我的女人不礼貌。"

孩子们成年以后，孩子们依然对那时我所说过的话记忆犹新，大卫说："我觉得你说得太棒了。"乔伊对此表示赞同，她说："我当时就觉得，想通过找父母中的一方去要小聪明，是不可能了！"

听到他们的回答，我又解释："夫妻首先是一个团队，所以我说你们不能惹我的女人，另外，正因为如此，你们也会有安全感。"对此乔伊补充道："我们经常看到你和母亲在厨房里跳舞，有没有研究表明，父母相爱会让孩子有安全感呢？"答案是肯定的。

很多夫妻都认为，把全部精力投入到孩子身上，才是爱孩子，因此他们疏于彼此的交流，更不要说关心对方的感受了，但越是这样，孩子其实越难体会到和谐美满的氛围。夫妻应该先享受婚姻的乐趣，再体会亲子关系的乐趣。

当然，当我提到夫妻要亲密无间时，并不是在认同那些常常把孩子扔给保姆，以自己为中心，追求玩乐的父母，而是想要提醒那些以损害婚姻为代价，一心关注孩子的父母。你很有可能不经思考就把孩子当成世界上最重要的事，家长在全身心投入到孩子身上的同时，其实也亵渎了孩子。曾经，我并不觉得自己和莎拉也会落入这个陷阱，但是在孩子小时候，我记得自己有一次说过："你认为我们是否可以聚在一起，就只有我们两个人，不谈论孩子——哪怕只是一小会儿？"

我的话让莎拉有了很大的启示。那时，她从未想过自己每天谈孩子的事，会忽视我们的关系。她觉得谈论孩子会让她很兴奋，这难道不是为人父母要做的事情吗？但是我的话让她陷入沉思：天哪，我和丈夫有自己的生活，他想要花点时间和我在一起，他想要单独和我在一起，只有我们两个，我们需要维持爱情的火花，享受夫妻的甜蜜，而不是只做孩子的父母。

我们绝不能认为，婚姻和孩子必须选择其一。我们不能等孩子长大成人，离开家时，才想到婚姻，然后再去补救，那一定为时已晚。正确的设计是，我们一人要分饰两角：既是另一半的配偶，也是孩子的家长。我们要兼顾好婚姻和孩子，虽然一路上会障碍重重，但是只要竭尽全力，一切皆有可能。

这个问题的关键在于：**一位父亲能为孩子做得最好的事情，就是爱他们的母亲；而一位母亲能为孩子做得最好的事情，就是爱他们的父亲。**这份热爱会在孩子的心中播下种子，让他们体会到爱，在爱中健康成长，并在未来知道如何去爱别人。

相信彼此怀有善意

不管夫妻之间存在什么差异，他们大多对彼此怀有善意，不然也不会建立起一个家庭。我说的"善意"是指"打心眼里想要对方好"。当然，我们并非总能做到这一点，很多时候，我们的努力却事与愿违。如果你的配偶没有将好的意图坚持到底，那么你要知道善意也意味着对方没有恶意，他们不想对彼此做坏事。

但是生活毕竟是不可预测的，由于夫妻关系的起伏，以及抚养孩子的压力，你很可能会觉得配偶没有把你的利益放在心上。你的配偶可能会疏忽健忘、粗枝大叶或是伤害到了你，你会因此心痛愤怒，反过来斥责对方，而对方或许还会抱怨你不够理解。长期的压力和负面情绪积攒起来，迟早会摧毁你们的关系，从而怀疑彼此的好意，将对方视为敌人一样的存在。正因如此，夫妻之间需要提醒彼此，相信对方，并原谅对方的无心之过。

我时常询问前来咨询的夫妇："你的配偶是个好人吗？"这时夫妇都会毫不犹豫地回答："是的。"很多夫妇告诉我，这个问题彻底改变了他们的婚姻，因为他们发现不管发生什么，对方也并非心存恶意。如果夫妻双方都能打心眼里明白这一点，相信对方的善意，那么即使双方存在很大差异，心怀怒气，他们也有可能踏上团结协作的道路。

说服自己，去相信你的配偶心存善意，即使这么做是为了你的孩子。如果孩子都能看到父母心中的善念，但是父母却看不到彼此的善念，反而相爱相杀，那该是多么可悲的局面呀。

别人经常问我如何调和人类的善意与恶念。从某种意义上说，我们身体的每一部分都沾染了罪恶，就像染料溶于杯中的每一滴水。我的回答是，偶尔丈夫或者妻子可能会欠考虑，让对方不愉快，但是最好不要由此就判定对方的意图是坏的，不要给对方轻易贴上不良标签。我们只是凡人，但是我们不可能总是做到自己认为应该做的事。

在你们努力成为一个团队时，生活中会出现很多压力和烦恼事，考验你们的决心。很多时候，母亲会因为照顾孩子的压力而闷闷不乐。这种时候，她就会变得吹毛求疵，甚至尖酸无礼，尤其是对丈夫，会分外不耐烦。我想请所有的丈夫注意：你的妻子不是在拿孩子当借口，表达对你的反对和轻蔑。在妻子抱怨时，做丈夫的要先相信对方没有恶意，她并不是要有意找碴儿、挑毛病。事实上，你的妻子想要与你并肩协作。如果这时你选择逃避，那么你就无法看到她对你的需要，也就无法给予她你的力量和支持。因此，即使你的妻子在乱发脾气，你要解读妻子的善良和好意。她关心你，关心家庭，关心你们的生活，千万不要认为她这是在恶意攻击你。

当然，妻子们也要学会如何恰当地表达负面情绪，这也是很多为人妻者常常犯的一个问题。有一家人，丈夫提议和孩子一起学习，而妻子当着所有人的面否决了这个想法。她说这样做会花很多时间，会让孩子们感到厌倦。事实上，妻子只是出于对孩子的保护，不想让丈夫长篇大论地向孩子灌输教条的思想，可遗憾的是，这位妻子失去了支持和鼓励丈夫的机会，而丈夫是出于好意想在精神上引导全家人。

这位妻子应该怎么做呢？她可以在丈夫提出建议时先保持沉默，不当众反驳，然后在私下建议丈夫如果一定要教的话，那就让孩子学习篇幅较短的文章，将时间控制在孩子们能够接受的范围内。要想做一个好妻子，她需要相信丈夫并没有恶意，尤其是在他想要做好事的时候。

案例分析：父母彼此表达善意

下面我们要讲的是一对夫妻的故事，在面临严重的育儿问题时，他们是如何认定彼此心怀善意的。丈夫吉米写信告诉我，十九岁的女儿结束了为期五个月的短期训练活动，回到家中，此时他们实践爱与尊重的理念已经一年有余。在女儿离开前，他们一致决定在女儿回来后，要让她去上大学，并且原封不动地存好她的保险金。如果女儿决定不上大学，她就必须做全职工作，然后自己缴纳保险。女儿回家没几天，妻子加西无意中提到如果女儿"需要清洁牙齿或者别的事情，我们会埋单的"。吉米觉得这违背了他们当初的约定，然后就说出了自己的想法。家庭疯狂怪圈就此转动了，然后"一切分崩离析"。加西觉得吉米不够爱孩子，而吉米则觉得她无视约定，也不够爱自己，不仅不尊重自己，还颐指气使地告诉他该怎么做。

一切瞬间恢复了老样子，他们陷入了"旧循环"。由于妻子明显没有理会丈夫的想法，因此丈夫努力想要阻止她，但是又不想和她发生口舌之争，因为"每次她都会占尽上风"。但是妻子却穷追不舍，这时丈夫意识到必须采取行动，与妻子敞开心扉。但作为一个男人，他很难开口。他向妻子解释，自己也很关心女儿，但是让他难以理解的是，加西既违背了他们当初的约定，也对他态度粗暴。吉米强调了自己很爱母女俩，但是他不想夹在妻子以及她保护女儿的欲望之间。

加西的回答是，她并不想表现得气势凌人。说完两人亲吻了彼此，然后各自忙碌，但实际上，事情并未彻底结束。"我想要练习如何去爱，"他在信中写道，"但是在现实中，我还是觉得没有受到尊重，我希望自己的情绪会逐渐改变，所以就勉强退让了。"

吉米觉得自己已经尽力弥补了与妻子的裂缝，但是他也承认，之后妻子做出了重大努力，有一天他心情很糟，公司的设备出了问题，又总有人因为琐事找他，让他疲于应付，当妻子打来电话时，他吐露了自己对各种问题的沮丧。妻子温柔地安慰了他。就在那时，又有人打电话给吉米，吉米想着妻子应该会挂断，所以就接通了另一通来电，过了几分钟电话打完了，他把手机放进了手机套，这时他听到了说话声，原来是加西的声音。不知道为何加西的电话并没有挂断，他打电话的这段时间，加西一直在为他祷告。

在信的结尾，吉米写道，他不确定那一天是否所有问题都解决了，但是他知道这件事的开端，是因为妻子不尊重他的想法，但最后，也正是妻子赶走了他的坏情绪，为他打气，给了他满满的信心和尊重。"我发现妻子是那么尊重我，她懂得尊重的秘诀，我自己也开始有了觉悟。"

这是关于善意的一个鲜活例子。这对夫妻先是有了矛盾，他们差点就没能看到彼此的真心。妻子轻易就觉得自己受到了伤害，觉得对方不爱自己了，丈夫也是一样，误解了妻子，觉得她不尊重自己。但是在一个特殊情况下，吉米偶然从电话中听到加西在为他祈祷，从而知道了加西对他的好，这对他是多么幸运的时刻，对他们这对夫妻乃至这个家庭而言，也是意义重大的时刻。

我和大家分享这封信的内容，是为了提醒各位，我们需要相信自己的另一半心存善意，即使我们没能像吉米一样脉络清楚地看清这件事，也要相信对方没有恶意。夫妻齐心，其利断金，但当夫妻在遇到巨大分歧时，他们的合作力量就会被削弱，而削弱的最大原因，就是我们因为分歧而降低了心中的信任，我们会暗自揣测，觉得对方不怀好意，并因此影响自己的态度和举动。而夫妻要想成为一个真正的团队，爱和尊重很重要，信任对方是善良的，也很重要。接下来，让我们看看步骤三。

用爱和尊重说话

我经常会收到已婚女士的来信说，她们虽然重视爱，但也像男人一样，需要得到尊重。这一点不容置疑，男人和女人都需要爱与尊重。我在《男人需要尊重，女人需要爱》中，谈到了女人也渴望获得丈夫的尊重，尊重是丈夫爱妻子的方式。如果没有尊重，一个男人就谈不上爱这个女人。

另一方面，虽说女人需要尊重，但是归根结底，我敢打赌这件事还是围绕着爱。没有哪部电影的结尾是，男主人公抱着女主人公说："我发自内心地尊重你！"实际上，我们询问了七千人："你和另一半闹矛盾时，你是觉得他不爱你，还是他不尊重你？"有72%的女性认为对方不爱自己，而83%的男性则认为对方不尊重自己。

桑蒂·菲德翰在其经典著作《给你的悄悄话》中，进行了一项调查——孤独和不为人所爱，被视为无能和得不到尊重，哪个更令你难以忍受，结果显示，80%的男性不能忍受的是，被别人视为无能和得不到尊重。

一般而言，如果你想要和另一半协力抚养孩子，那么做丈夫的，要以爱的口吻对妻子说话，而做妻子的，要以尊重的口吻对丈夫说话。

与妻子建立合作的最好方式，就是赞美她母性的光辉。多年以前，我们的三个孩子都还小，有一天我告诉莎拉："要是让我做你的工作，那还不如让我去坐牢！你是怎么做到的？"过后莎拉说："你那么说我高兴极了！倒不是说我也觉得当母亲就像坐牢一样，而是你知道做母亲多么不容易。我感受到了爱与尊重。"

事实上，孩子长大成人以后，我几乎把一切都归功于莎拉这位母亲。尽管毫不自夸地说，我这个当父亲的也配得上"恪尽职守"几个字，但是莎拉确实为孩子耗尽心血。作为家长，莎拉的功劳要远远超过我。

每位妻子都有着抚养孩子的天性，一旦什么事惹孩子不高兴，她立刻会出马解决。在这种情况下，聪明的丈夫会听取妻子的意见和指导，而不是对她的建议做出消极反应。男人如果能够细心地听妻子的倾诉，接受她的意见，甚至是听她的抱怨，那么她就会对夫妻感情以及协力抚养孩子这件事感到兴奋。但是假如丈夫认为妻子冒犯了他，是在挑衅他在家庭里的权威，那么他就不会尊重妻子的爱心，并且会破坏二人的合作。

爱与尊重是有两面性的。男人对女人应该给予爱，而聪明的女人也会知道听取丈夫意见的重要性，她不会低估或是忽视这些意见。在抚养孩子的过程中，很容易出现以上这种情况，因为女人天生热爱家庭，会照顾家人，所以她们可能不会意识到，自己的行为会被丈夫视为不尊重。

男人在什么时候，会觉得自己在家中没有受到尊重呢？在一场爱与尊重为专题的学习中，妻子们想知道什么会让丈夫觉得在家得不到尊重，结果表明，一个最主要的原因是："在妻子不重视我对家务事的意见时。"

一位妻子告诉我，自己和丈夫的关系很紧张，因为女儿马上要结婚了，他们在婚礼的花费上产生了分歧。丈夫觉得大家忽略了他的想法，所有人都不尊重他。每次他一和妻子提费用的事，妻子就觉得他在一旁说个不停，这令她头昏脑涨，非常恼火。妻子总是说："我只有这么一个孩子，就这一个女儿，我想要让她的婚礼办得漂漂亮亮。"这无疑是火上浇油，让二人的关系更加紧张。最后，她意识到这么做解决不了问题，所以选择了尊重。她在信中写道：

我站在他的立场上审视了这个问题，觉得他说的都没有错，因此我向他道了歉，告诉他是我做得不对。我向他解释了自己两难的境地，夹在他们父女两个之间。我们讨论了婚礼的预算，然后就婚礼出多少钱达成了一致。我道完歉，他也冷静下来，然后我们理性探讨了这个问题，大家都心平气和，没有发生争吵。在过去，我会告诉丈夫我爱他，试图使他平静下来，但是他总会说："我知道你爱我！但是你没把我当一回事！"他没有提到尊重这个词，但是他说了"没有把我当一回事"。我一直不理解为什么我说爱他还不够，而现在我懂了。那件事结束之后，我们更加亲近了，我觉得我们就像是并肩解决问题的队友。

　　她说得没错，这位妻子意识到，在丈夫看来，她没有尊重他，为此她做出了改变。虽然很多妻子并没有不尊重丈夫的意思，但是她们不理解男女之间存在着差异：男人是蓝色的，女人是粉色的。丈夫是一片好心，但在很多方面，他们与妻子有着不一样的观点、看法以及感受。随着妻子对于婚礼的热情不断高涨，她期待即将结婚的女儿能够快乐，这时她作为女性的粉色观念占了上风。她之所以会觉得头脑发昏、非常恼火，是因为她不知道为什么在钱的问题上，他就不能支持她，按照她的计划，享受女儿的婚礼。

　　所幸的是，她最终知道了为什么。她的丈夫作为男性，看待问题的蓝色视角与妻子的粉色视角不一样，他并没有做错什么，只是和妻子存在差异，而且他一直在说"你没把我当一回事"，最终妻子理解了他的意思，终止了家庭疯狂怪圈，解决了存在的问题。他们重新团结在一起的那一刻，也就是当丈夫知道妻子认真听他说的话，也没有不拿自己当回事时，而他们最关心的问题——女儿的婚礼预算——也随着夫妻关系的缓和，而迎刃而解。

　　男人有着女人所不具备的优点，也有着男性特有的不足，同理，女人也有着男人所不具备的优点，以及不足。要想成为一个团队，他们就必须一起努力，无条件地爱并尊重对方。他们必须将男人的"蓝色"与女人的"粉色"融合在一起，合二为一，成为一个团队，忠于他们的婚姻。

　　男人和女人不同的视角，注定了他们的差异。因此，与其花工夫证明对方错了，非要争出个输赢来，还不如先承认彼此的差异，然后学会善意地表达不同的观点。我有时候不赞同莎拉，并不意味着她就错了，我就对了。我们会遵循一个简单的原则：没有对错，只有差异。之后我们会综合彼此的意见，这不仅是为了团队和谐，也是为了家庭的和谐。

一位哲人说过："若一人跌倒了，另一人会扶起他；若是只身一人跌倒，又没有人扶起他，这人就有祸了。再者，两人睡在一起能温暖彼此，一人独睡怎能暖和呢？一人遭攻击容易落败，二人背靠背便可御敌。"

清官难断家务事，你和配偶有了分歧，我也无法断定孰是孰非。但是我很确信，如果夫妻两人不和谐，那么你们的孩子就会长期为此承担后果，承受你们所不能想象的痛苦。你们要相信彼此心存善意，说话和行动时，怀着对彼此的爱和尊重，将你们的粉色和蓝色融合在一起。

正如粉与蓝只是两种颜色，没有孰优孰劣的分别，夫妻间也不要轻易给对方定性："你就是不对。"而是要在接纳差异的基础上，让你的家庭充满爱与尊重，这条原则与其他原则同样重要。下一章我会说明，针对男孩和女孩的不同抚养方式。

第10章
粉色的教育与蓝色的教育

　　这将是全书最有趣的一章，因为男女的差异乃是千古话题。男女的特质在很早就会显现，就在儿时，男孩和女孩的表现就截然不同。一位家长表示："我们爱孩子，但是我们需要帮助。母亲在养育儿子，或是父亲在养育女儿时，就像是在异国他乡航行，手上却没有地图。"

　　在人类基因组的三万个基因中，男女之间的差别小于1%，这个比例是很小的。但是，这1%的差异却影响了我们身体中的每一个细胞：无论是感知快乐与疼痛的神经，还是传递知觉、思想、感觉和情绪的神经元。

　　男性和女性对不同的压力会做出反应。女孩倾向于对人际关系方面的压力做出反应，男孩则会在他们的权威受到挑战时做出反应。人际矛盾会让青春期的女孩抓狂，因为她们需要得到大家的喜爱，与周围人建立联系，而对于青春期的男生，他们则需要受到别人的尊重。

我想，我找到了关于爱与尊重的重要线索，它可以解释男性与女性的不同，帮助我们在抚养孩子时，平等而又有区别地对待男孩和女孩。从遗传学上看，我们知道男孩和女孩不一样。生理上的区别对待，是很容易做到的，关键在于，父母要注意孩子身上粉色与蓝色的区别，并由此采取不同的教育方式。我的朋友桑蒂·菲德翰，是一名优秀的研究者，她在为自己的著作《给你的悄悄话》做调查时，发现了一个不争的事实：女孩是粉色的，更需要获得关爱，而男孩是蓝色的，更需要得到尊重。

遗憾的是，在我看来，很多研究者没有恰当地解读男孩。例如，学龄前的女孩在玩耍时，与别人轮换的可能性是男孩的二十倍。而要论在行动上争强好胜，在与他人竞争时不怕冲突，男孩则是女孩的二十倍，他们在玩耍时会强烈地捍卫"领地"。在多数研究者看来，这些发现表明女孩会为别人着想，男孩则精力旺盛……甚至是很暴力。但是，同样地，这些发现也可以解读为，男孩喜欢锻炼自己，强势地维护和保卫无辜的人，而丝毫没有考虑自己的安危，尤其是在善恶冲突的时候。

我有朋友开了一家餐厅，专门接待学龄前的孩子，以及刚上小学的孩子。他在餐厅里面设了一间公主房。男孩和女孩进入房间后，女孩都会着迷不已，换上裙子，戴上王冠，穿上高跟鞋，然后手持权杖，她们渴望成为特别的、受人喜爱的公主。但是，男孩则对公主房不感兴趣，但当他们正要离开时，看到了挂在入口墙上的塑料宝剑，立马有了兴致！拿起剑玩耍了起来。

有些人，尤其是当母亲的却会皱起眉头，母亲们普遍不喜欢男孩们舞刀弄剑，认为这很暴力。而对此我的解读是，男孩并不仅仅是在玩耍一把宝剑，而是认为自己是在光荣地捍卫城堡，抵御邪恶的入侵者（之后就变为保护危难中的少女）。没有男孩能够清楚地表达出这种情愫，但这是天性使然。我们要明白，这些小伙子是在追求荣耀，而不是有暴力倾向，想要伤害别人。

成为男孩并没有什么错，他们只是与女孩不同罢了。同样，成为女孩也没有什么错，她们只是与男孩不同而已。

而作为家长，我们要知道的是，男孩和女孩虽然有差异，但是都心怀善意；他们虽然不相同，但是谁也不比对方差。一个十几岁的女孩以"粉色"视角看待人生，看到的是爱，而一个十几岁的男孩看到的是尊重。遗憾的是，生活中我们通常会认可女孩对爱的需要，但是却将男孩对尊重的需求看成是傲慢。

男孩和女孩长大后会相互结合，他们要遵循这个原则：妻子需要得到关爱，不管她是否值得被爱；丈夫在内心深处也需要得到尊重，即使有的时候他在某些方面也不值得别人尊重。这个原则不仅在经营婚姻时很重要，在抚养孩子时也同样重要。我们需要理解为什么在得不到尊重和关爱时，我们的儿子和女儿会感到沮丧，做出某种反应。我们要把男孩当成男人看，把女孩当成女人看。

家长要关爱女孩，尊重男孩，并不是说女孩不需要尊重，或者男孩不需要关爱。我会在后文详细对此进行说明，但是现在，我想让你和我一起看一下可以彻底改变你的育儿方式的两组关系。

母子关系：母亲的尊重

不断有做母亲的告诉我，她们是如何通过使用尊重儿子的语言，从而拉近母子关系的。一位母亲在参加过我们举办的婚姻大会后，写信告诉我，她决定在说话时尊重儿子：

儿子说出自己的看法时，我会对他说"我真的很尊重你的想法"，或者"对于你处理那件事的方法，我表示尊重"，又或者"我尊重你做事能够采取主动，坚持到底的劲头"。听到我说这些话，儿子露出了从未有过的笑容。儿子一直都知道我很爱他，而现在他又知道了，我很尊重他，以及他的想法。我之前在这个方面做得很不好。

男人有很多值得效仿的优点，例如，我们都要做大丈夫，要刚强。

做母亲的应该为儿子有这些品质而感到骄傲。

另一位母亲也分享了她与七岁儿子的对话，显示了尊重男性所带来的力量——

母亲：我尊重你。

儿子：（半咧着嘴笑了）

母亲：你知道我说的是什么意思吗？

儿子：（迅速地摇了摇脑袋，表示自己不知道）

母亲：这意味着我以你为荣，我认为你值得尊重，而且我觉得你很坚强。

儿子：（坐直了身子，露出了羞怯的笑容）谢谢妈妈。

母亲：你更想听到什么话呢？是我以你为荣，我认为你很坚强，还是我爱你？

儿子：以我为荣，说我很坚强。

她七岁的儿子知道她爱自己，但是他从未听妈妈说过尊重自己，他很喜欢妈妈这样说！

对于男孩子，不管他们多大了，家长在说话时，表现出尊重他们就准没错。但是我说"尊重他们就准没错"并不是想让家长以此操纵孩子，或者让他们以某种方式行事。尊重孩子，尤其是男孩很管用，是因为它契合了孩子内心深处对于尊重根深蒂固的需求。没错，你爱儿子，但是告诉儿子你爱他的最好方式就是让孩子的心灵感受到你的尊重。尤其是在孩子做错事的时候，这个时候他更加需要你的尊重。

下面我会介绍三种经过检验的方法——让妈妈们在说话和做事时可以尊重自己的儿子，她们的做法，也可以使那些苦于性别差异而不知如何教育孩子的家长受到启发。

重视孩子说的话

一位母亲分享了关于九岁儿子的故事："这个礼拜我收到了世上最漂亮的母亲节贺卡，要是看到贺卡，你准会感到惊讶，因为上面的第一行字是：'我很感激你，因为你尊重我。'儿子的贺卡上还感谢了我为他洗衣服，夸我数学好，但是儿子最先提到的还是'尊重'。"

让我们看看这位母亲是怎么说的：

有一天晚上，我把五岁的儿子放在床上，就在我滔滔不绝说自己有多爱儿子时，儿子难过地看着我，对我说："妈妈，你为我感到骄傲吗？"听到儿子的话我惊呆了，我立马对他说我当然为他感到骄傲。接着他又可怜巴巴地说："那你为什么从来都没跟我说过？"从那以后，我抑制住了自己想要把他从地板上抱起来，可劲亲他小脸的冲动，而是学着用手拍他的肩膀，告诉他我以他为荣。对此儿子总是挺起胸脯，点着头对我说"谢谢妈妈"。儿子会觉得自己受到了重视，这比我亲他一百下还管用。

男孩极其需要尊重，要是妈妈能够仔细听他说话就好了。一位母亲写道：

我发现对儿子发脾气或者一味约束，只会激怒他们，最重要的是，他们会觉得没有得到尊重。虽然孩子年纪小，但我能看出来他们想要得到我的尊重。当我在孩子犯错时耐心地鼓励、包容他们，有礼貌地纠正他们，让他们锤炼品格时，家里会太平许多。我要管住自己的嘴，不让家里闹翻天。

这位妈妈"知道要尊重孩子说的话"，这下她可以进行下一步了。

陪在孩子身边，少说话！

在我们的会议上，令很多妻子出乎意料的一点是，我们提议她们应该陪在丈夫身边，但不和丈夫说话，这个方法对儿子同样管用。一位母亲在信中提到，她发现要用不同的方式对待自己青春期的儿子：儿子不再需要摇篮曲；在身体受到伤害时，他们不再像以前那样需要安慰；那种"孩子属于我"的感觉也不再强烈。她想起了詹姆斯·杜布森的一本书，里面谈到了男孩做事更有效率，因此，她决定让儿子们看她做饼干。

她没有叫孩子帮忙，只是埋头做起面团来，努力做到少说话或者不说话。最终孩子们竟主动帮起忙来。她和孩子们一起干活，将肉桂糖粘在面团上，她知道了孩子的想法，与孩子们谈起了家里的事，讲了自己小时候，她母亲做的事，孩子们也谈了自己的梦想，甚至破天荒地说起了学校里发生的事情。

十打饼干出炉以后，这位母亲和孩子更亲密了。她在信的结尾提到："那个下午，我收获很大，也与孩子拉近了距离。就在那天晚上，快要十二岁的儿子竟叫我为他掖被子！他一定和我有着相同的感受，这一切都是我花时间放慢节奏，让他做自己的缘故。"

你明白了吗？一个十二岁的男孩要母亲帮他掖被子，这证明他对母亲充满了信任和爱。与儿子一起做一些事情，哪怕其间寥寥数语，也能够激发他们对母亲的爱，哪怕孩子正在青春期，处于和母亲感情淡化的阶段，也能见到奇效。

经常有母亲写信询问关于儿子的问题。一次，有位母亲回家问四岁的儿子，家里的保姆怎么样：

- · "你做游戏了吗？"
- · "做了，妈妈。"
- · "你做什么游戏了呀？"
- · "藏东西的游戏。"
- · "那你都藏什么了呀？"
- · "玩具。"
- · "什么玩具呀？"
- · "我的玩具。"
- · "茜茜有跟你一起玩吗？"
- · "是的，妈妈。"
- · "你找到藏的玩具了吗？"
- · "找到了，妈妈……我们能不说了吗？"

很明显，这位母亲觉得儿子是在敷衍自己，这让她很伤心。这位妈妈问了一些很典型的问题，得知男孩子通常对已经发生的事情不会那么感兴趣，因此他对这些问题也会不感兴趣甚至很反感，并且，这种情况会持续下去。（阅读第 5 章中莎拉与大卫的对话——"你在学校怎么样"）

很多情况下，母亲说得越少，儿子说得就越多。当然，这不等于母亲什么时候都不能开口说话，有些时候，母亲应该说话，尤其是要——

告诉儿子你尊重他

你不能只想着在内心对儿子更尊重，你必须经常说出来，宣之于口是最直接的表达尊重的途径，我保证这样他会更感激你。一位母亲说：

我至今仍感到很惊讶，只是使用尊重、欣赏或者钦佩这样的字眼，就能让我和丈夫以及儿子的关系大有改观。

另一位母亲告诉我：

在对儿子说话时，我会确保他明白与人交往时，尊重对方的重要性。我还会确保他知道我重视并且尊重他的感受，以及他分享这些感受的意愿。我发现，即使儿子"只有十一岁"，但我还是必须尊重他。我会十分注意自己的措辞。我从来都不想让他觉得自己被轻视。我一直小心翼翼，生怕自己的话会摧毁他幼小的心灵。

各位母亲要注意的是，不恰当的话会摧毁孩子的心灵，而表情以及说话的语气，也同样会起到这样的效果。很多母亲太爱自己的儿子了，这种强烈的爱蒙蔽了她们的双眼，让她们无视儿子对尊重的需要，正所谓爱之深、责之切。母亲认为儿子应该知道她爱他有多深，哪怕她嘴里的话很不好听，脸上的表情凶神恶煞，孩子也不会怀疑母亲不爱自己。但是母亲们必须明白，尽管你无比爱着儿子，但是如果表面看来充满厌恶或者愤怒，在儿子看来，也是伤害。

一位母亲写道：

直到最近，在管教大儿子时，我仍在"贬低"他，但是这么做有用吗？显然没有用。我很沮丧，祈求有人能告诉我，如何理解儿子，以及他作为一个大小伙子的需要。事实上，他和我的丈夫没有太大区别，他也喜欢受到尊重，在我尊重他时，他的反应积极多了，也不让我沮丧了。

在纠正儿子的错误时，母亲如果表现出居高临下的样子会适得其反。另一位母亲也体会到了这个真理，她有一个十五岁的儿子，经常会让她不知所措：

　　儿子最近开始采用一种新的方式控制我。他觉得只要他能够喊出自己的意见，用最大的声音，我就会理解并接受他的做法。他在很多场合下尝试了这种方法，比如与朋友出门以及出去买东西。我心平气和地告诉他，我是家长，他是孩子，他必须以对家长的方式和我讨论事情，我才更有可能接受他的想法。但是没用，最后我们还是会陷入一场舌战。之后儿子感觉很糟糕，我也一样。他最近一次发脾气时，我只说了一句："你能来找我商量事情，我很尊重这一点。我想要听到你的意见，做出正确的决定，而不是忍受你的叫嚷……这让我觉得你不爱我。"通常不管我的反应是什么，他都会继续大声叫喊，但是这次他却出人意料地做出了退让。他先是回到了他的房间，之后他又回来了，并且竟然主动讨论起了他的计划。我既有点惊讶，又觉得高兴极了。

　　这次和之前唯一不同的是，她说的一个词吸引了儿子。那个词就是"尊重"。
　　一位母亲她的儿子已经成年了，她写信给我：

　　告诉儿子自己尊重他，其结果令很多母亲欢欣鼓舞。尽管这不是规则，但是它能让母亲与孩子有频繁的互动。

　　所有母亲都说自己尊重儿子，要不然怎么会面对儿子，与儿子相互理解，拉近距离呢？但是我们确实做到了吗？做母亲的有时要学会退后一步，观察自己究竟是怎么和孩子说话的。很多母亲的语言和表情，都会让儿子觉得她在生气，儿子会因此选择疏远母亲。相比起来，女儿更容易理解母亲沮丧的心情，而由于性别差异，男孩则看不出来。另外，由于男孩不会释放感情，像女儿那样放声痛哭，母亲不容易体察到儿子的心理，因此她会对儿子的想法表示不赞同。当母亲发现自己一直以来的说法和做法有多么消极时，她会做出改变，而她与儿子的关系，也会就此改善。

一位母亲来信："我特意在儿子面前称赞了丈夫并表达了对他的尊重，说完他们两个人都挺直了腰杆！"

父女关系：父亲的爱

你应该不是第一次听说，父亲应该以一种特殊的方式爱女儿。母亲们可能没有意识到在说话时要尊重儿子，而与母亲们相反，大多数父亲都知道女儿需要他们的爱，因为他们之前早就受过妻子的指导。

你可能听过，"爱女儿最好的方式就是爱她的母亲"，这是一条绝妙的建议。如果一个女孩经常看到自己的父母处于疯狂怪圈，她可能会觉得父亲也不爱自己。

父亲必须要知道女儿（以及女人）的一个重要特征，那就是她们会把你说的话，或许你说话的方式放在心上。如果你要与女儿对峙或者纠正她，那么你就要温柔些。没有父亲会有意拒绝女儿，但是当女儿觉得父亲在惩罚自己时，她可能很容易就会以为父亲在说："我真的不爱你。"我们做父亲的要问问自己："当我和女儿对峙，纠正她的错误时，我会不会做得太过分，让女儿觉得我不爱她，觉得受到了不公平的指责？"

在女儿遭遇失败时，她会苛责自己，认为自己很糟，所以这时你要指出她的优点，告诉她你觉得她某些方面多么优秀。你可以鼓励她从失败中吸取教训，但是不要喋喋不休。

我经常收到已婚女士的来信，她们说自己需要尊重，也需要爱。十三岁的艾米对此表示赞同，她说自己确信父母无条件地爱着她，但是她也需要受到尊重，也想要父亲对她说："做得好！"尽管如此，她还说："但是非要让我选尊重和爱哪个是不可或缺的，毫无疑问，我无法忍受父母不爱我，父母的爱对于我是必需品，并非可有可无。"

艾米对于爱与尊重的见解告诉我，女孩首先需要家长认可她本人，她们喜欢听到别人夸她表现好，她也会本能地认为，如果自己表现不好，就得不到别人的认可和关爱。这样的想法会成为一个诅咒，让她花费大量精力去讨好别人，而不是真的想要获得成长。

大部分女孩都想知道，不管发生什么，父亲都会一如既往地爱我这个人吗？这就是为什么没有什么话比父亲对女儿说"永远都不会有人爱你"更具杀伤力。如果你是一个生活在幸福家庭中的孩子，你或许很难想象会有父亲对女儿说出这样的话，但是很多女性写信告诉我，这是发生在她们身上的真事。

当你由此推及自己的女儿时，请记住，女性的大脑有着特殊才能：语言能力强，万事都会和感情联系在一起，"能从表情和声调推测出人的情感和思想状况"。下面，将介绍父亲在教育女儿时需要注意的几个事项。

自打一出生，女儿就想要看着你

调查专家表示，女孩出生三个月后，眼神交流以及直视的能力会增加 400 倍以上，男孩则不会这样。当你面无表情时，女孩就会感到困惑，把脸转向一边。女婴对人类声音的敏感度比男婴更高。她们的自我感知与大人对其的倾听程度有关。据观察，一岁大的女孩事实上更具同情心，她们会在别人忧伤或受伤时更加积极地回应。

一位母亲这么描述九个月大的女儿："她玩游戏需要我的配合，我得平躺着，这样她好在我身上爬，弯下腰看我的脸，用她的鼻子抵着我的，然后直视着我，高兴地咿咿呀呀。"

女儿长大后会成为年轻的女子，接着成为妻子，她们想要注视你的需要会更强烈。聪明的父亲和丈夫也会注视着她。

爱是女儿的母语

爱的语言深植在女儿心中，她从小便渴望听到它们。下面我将分享这样一个例子，父亲让女儿觉得自己是他的掌上明珠。女儿四岁左右的时候，他与女儿陷入了一场"我更爱你"的争论。

父亲告诉女儿："我对你的爱可以绕世界一圈。"

女儿回答："我爱你胜过爱上帝！"他在信中继续写道："从宗教的角度看，那件事让我不知所措，我着实被女儿的话吓到了。"但不管女儿是四岁还是四十岁，爱是她最乐意听到的字眼，是她生命中的核心。

我还收到了另一封内容截然相反的信，一位女儿成年后回忆："自己'感情冷淡'的父亲从未让我坐在他腿上，从未牵着我的手，也从未说过他爱我……这一切让我很困惑。"

如果你是一位父亲，请爱你的女儿，并让她知晓这一点，这对她而言非常重要，而这也是你的责任，无论是出于父亲的立场，还是出于男人的角度。

不要让女儿压抑情感

孩子年纪还小时，我和莎拉会教导他们："小点声哭。"在我们看来，孩子哭没什么，但是不能失去控制号啕大哭，尤其是在公共场合。近期，我问乔伊："你还记得我们让你小点声哭吗？"乔伊说："当然记得，但我讨厌你们那么说。有时的确是我们不对，但你们的说法让我觉得，你们不允许我哭，也不允许我难过。我很讨厌你说'小点声哭，这里是公共场合'，因为一旦哭起来，我就控制不了自己，也很难停下来。"乔伊认为我们不让她哭是在压抑她的情感，虽然我们并没有这么想，但是却让她确实这么感受到了。你可以从我们的错误中吸取教训，我很有把握地告诉你，一位父亲绝不能告诉女儿："不要哭了！"哭泣是上天让她们减压的方式，你千万不要剥夺。

解读青春期女儿的闹剧

很多父亲认为"闹剧"这个词，正可以印在自己青春期女儿的前额上，因为她们简直就是无理取闹、肆意胡来的代言人。而父亲需要意识到，很多时候女儿之所以一语惊人，表示反抗，不是因为她想要对父亲没礼貌，而是她觉得自己没有受到重视，在用这种方式提示你：赶紧说爱我啊。女儿"情感动荡"的根源，是她需要确定父亲是爱她的，她希望父亲能够爱她，不管她表面上多么没礼貌。

我想起有位父亲说好要带十三岁的女儿去逛商场，但是公司临时有事，他必须取消和女儿的计划。不幸的是，他没有足够的时间向女儿解释，所以他迅速给女儿发了条短信："宝贝，很抱歉，下次吧。"但是女儿之前一直很期待这件事，她生气地回了条短信："你总是这样！你从来都说话不算数！！！"

如果父亲将女儿的情感发泄视为是对自己的藐视，他就会不理会女儿的情绪，从而避免矛盾的升级，或是因为女儿的苛责大发雷霆。不管是哪种结果，父亲都会让女儿觉得他不在乎自己，从而曲解父亲的真实想法。女儿真的很需要父亲的爱，即使她的做法不成熟，很容易被认为是对父亲的不敬。

如果父亲理解女儿的失望和沮丧，事情就能解决。但是如果他严厉地责备她不能那样说话，女儿就会愈发确信自己不被父亲所爱，从而造成一辈子的创伤。

粉与蓝：女孩需要爱，男孩需要尊重

我收到一位父亲的来信，他有一个叫马特的儿子，已经大学毕业了；他还有一个女儿叫艾米，正在攻读学位。他恰如其分地描绘了爱与尊重是如何对女儿和儿子产生效果的。

艾米面临着艰难的一年，不是她学习有问题，而是她与舍友合不来。圣诞假期她回了家，父亲告诉女儿，他为女儿感到骄傲，因为她选择了不逃避宿舍其他女生。女儿很感激父亲的话，但是看上去还是心烦意乱，不愿意回学校。

之后，艾米与母亲谈话，母亲只是告诉她："不论发生什么事，父母都会支持你，爱着你。"这句话似乎是一盏灯，在黑夜里放出了耀眼的光芒。艾米之前一直害怕开学，而现在她斗志昂扬，激动不已。艾米是这样说的："你们对我的爱，就像是一个远方的磁力场，让我能从中感受到安全。"

在信中，这位父亲还提到了他与大儿子的一次通话，大儿子在偏远地区的一个大型慈善机构工作。父亲在谈话中告诉儿子，自己以他为荣，非常尊重他。儿子问为什么，父亲的回答是，他以优异的成绩毕业，本可以找到一份薪水比现在多50%的工作，但是他选择了帮助别人。这位父亲还提到，儿子多么会保养车，坚持去教堂礼拜。父亲在说话时，电话另一头的儿子却一言不发，然而轮到儿子说话时，父亲却能够听出来他在哭。"我之前没有意识到，夸奖对于儿子有多重要。这件事对我和妻子都是一次教训。为此，妻子坐下来给儿子写了封信，信里面说了自己为何以儿子为荣。"

这位父亲说，孩子在长大后，仍需要来自父母的支持，但是他们需要的支持有所不同："儿子马特知道我们爱他，但是对于他而言这没有什么，他需要知道父母是否以他为荣，是否尊重他。而艾米知道父母以他为荣，但是对她而言这也没有什么，她需要知道父母爱她。"

我不知道你家孩子是男孩还是女孩，抑或两者都有，但我们可以克服性别差异，解读并化解家庭疯狂怪圈，启动家庭充能圈。

love & respect in the family

第三部分　家庭回报圈

家庭回报圈

我们已经知道，如果孩子感受不到爱，家长觉得没有受到尊重，家庭疯狂怪圈就会启动。家庭充能圈中，十字育儿箴言提供了一个蓝图，让家长得以停止家庭疯狂怪圈，以正确的方式抚养孩子。但是，如果家长努力践行了十字箴言，而孩子就是不配合呢？这种意外并非不会存在。

尽管我们慈爱地给予孩子一切，但是孩子得到后可能不会心存感激和敬意。

尽管我们细心地想要理解孩子，但是他们可能还会生气，说我们不爱他们。

尽管我们煞费苦心地想要指导孩子，但是他们不一定会听从我们的教导。

尽管我们试图公正合理地管教孩子，但有时他们也会说我们不公平，不爱他们。

尽管我们竭尽全力鼓励自己的孩子，但是有时他们还是会缺乏勇气和自信。

没有哪个方法万无一失，也没有哪个蓝图十全十美。这就是为什么家庭回报圈是一个家庭践行爱与尊重的最重要环节。

在下面的章节中，你将了解到你养育孩子的方式，在你与孩子的关系之外，还有着更加深刻的关系。

第11章
爱孩子，无论他们是否如你所愿

　　"家长的最高使命，就是无条件地抚养孩子。"

　　这句话对家长意味着什么呢？本书显示的家庭回报圈是："不管孩子是否尊重家长，家长都要爱孩子。"作为家长，不管孩子做什么决定，将来走什么样的人生路，我们必须好好抚养他们。这意味着，即使孩子没有成为我们希望的人，我们也要抚养他们。

　　在关于家庭回报圈的几个章节中，我希望你明白，我不是在说什么缥缈虚无、让人难懂的话，这些都是来自生活中的真知灼见。

　　当我在全国各地的会议上演讲时，我一直在与别人交流，这些人通常都是母亲。她们告诉我，如果她们的儿子"不值得尊重，我就不应该尊重他……如果我那样做了，就是在放任他，表明我已经放弃了家长的权威"。

　　对此我的回答是："绝对不是！我们所说的是，充分发挥家长的权威，在孩子做错事时，有礼貌地与他对峙、管教他——不管是对待男孩还是女孩，都应该这样。在我们纠正孩子不听话的行为时，我们要无条件地尊重自己的小孩或者处于青春期的孩子。"如果我们持续地向孩子——尤其是男孩——表明他们必须努力才能赢得家长的尊重，这实际上是我们为蔑视孩子找的借口，只会让孩子失去信心。这件事并不在于孩子赢得我们的尊重，而是不管孩子做了什么，我们都要尊重他们。它与我们的表现有关，而与孩子值不值得并没有关系。因此，《圣经》这部精神法典告诉我们，对于那些不值得我们尊重的人，我们仍然要表现出尊重。

不要在爱中迷失

爱是世界上最神秘的精神力量，能够让付出爱的人和得到爱的人彼此都受益。父母真正意义上的爱，既是爱自己，也是爱孩子。一个不爱自己的人，绝不可能去爱他人。父母在爱孩子的过程中，虽然付出了爱，但是他们自己的心灵也会在爱中获得完善。最重要的一点，父母不能在爱中迷失自己，不能关心则乱。

一位灰心的母亲给我写来这样一封信：

我有一个问题是，当孩子行为不礼貌，或是没有按照我的想法做事时，我就会反思自己，想到这是我的不对。我认为这是我性格中骄傲的一面，但你有什么建议吗，因为这让我精疲力竭，失去信心，我感到很灰心。这合乎常理吗？

　　对于这位母亲的话，我和莎拉颇有同感。我们也有过同样的经历。莎拉想起了在我们成为父母的第一年："我想要乔纳森在保育室乖乖的。很遗憾，三个月大的他哪能尽善尽美，他每天都会哭，我觉得自己很失败。"

　　现在关于保育室的这件事听起来很好笑，但是它象征着我们作为父母的感受——常常担心自己不是好父母，而陷入自责。随着时间的流逝，这些问题会越来越严重。随着孩子长大，我们想要孩子表现好，但是当孩子调皮捣蛋时，我们就会十分泄气，甚至开始怀疑人生。经常是在孩子做错事后，我和莎拉就会一起坐在沙发上沉默不语、黯然神伤，不禁怀疑自己到底哪里做错了，我们怎么就没能让孩子做出正确的决定？我们做父母的哪里没做好？在他们经受考验和诱惑时，我们为什么没能更好地引导他们？

你的价值不取决于孩子的表现

　　在好几个深夜里，我们都要面对这些沮丧的心情，相信很多家长也是一样。难道我们就一味地自怨自艾，让困难压倒我们，不去教养孩子了吗？好消息是，这样的反思不仅能让我们改善教育孩子的方式，而且更重要的是，让我们得以面对自己的身份。

如果我们用孩子的无礼、不负责任，以及错误——这些都是我们想要孩子改正的"常态"行为——定义我们的真实身份，那就等于，我们把自我价值感的起伏，取决于孩子表现好不好。为了让我们自我感觉良好，孩子就必须有好的表现。很显然，这样做对我们不公平——对孩子更不公平。

同时，因为孩子的表现而怀疑自己身为父母的优劣，也等于我们将自己内心的平静交由孩子决定，而不是自己做主。

最后一点就是，我们拿孩子对我们说的话评判自己时，也就等于将自己的价值感托付给了孩子。

你内心的信念是什么？你是否意识到你有价值，是因为你本身就有价值，而不是因为你（或者你的孩子）有没有做过某件事？

我和来自不同国家的父母交谈过，我发现很多家长会因为孩子的行为感到沮丧。而下面我将与你分享的内容，不仅会让你恢复精神，而且能让你在教养孩子的过程中取得一些进展。

我很清楚，在日常生活中，我们的一些情感（比如对孩子的爱）会动摇并削弱我们的信念，怀疑我们的真正价值。是的，孩子今天带给我们欢笑，明天可能会让我们操心和痛苦，但是绝不能让孩子决定我们身而为人的价值。我们要在抚养孩子时先明确自己的身份，绝不能在抚养孩子中寻找身份。

一位母亲告诉我："孩子不能治愈我们的伤口，只有自己才能。"她认识到，之前她希望通过孩子建立自己的良好形象，这种态度是不对的。她意识到，自己不能把幸福寄托在孩子身上，不能一味要求孩子顺从自己，以此提高她自己萎靡的自信心。

我们要相信，自己是有价值的，即使狗咬坏沙发的一角，蹒跚学步的孩子摔下楼梯或是青春期的孩子撞坏了车，我们也会满怀信心。人生总会有沮丧疲惫的日子，然而，我们总会有办法软化自己的棱角，以防它会伤害到孩子。

处理好与孩子的关系，先要处理好与自己的关系

教养孩子，说起来是亲子关系，实际上，却是父母与自己的关系。你身为父母所做的事情，都是有价值的，即使你的孩子忽视了你，对你的付出并不领情，但是你的辛苦也不会真的付之东流，这些事情总会熠熠生辉，成为你家庭的能量圈。尤其重要的是，这些付出本身就能够让你的心灵获得成长，心智获得成熟。

换句话说，当孩子拒绝对我们做出回应，但我们仍能爱他们，事实会给我们最好的奖赏。

所以，教养孩子是一场修行，可以深化并展示我们心中的爱、敬畏、信任和服从。如果我们的爱足够真挚，最后，所有付出都会在某天开花结果，并滋润到你的下一代。

但是，我们如何能经得住考验呢？在日常生活中我们该怎么做？接下来，我将会解答这些问题。但首先，我们必须无条件地爱我们的孩子。

"无条件"的真正含义

"陷入疯狂怪圈的不是我和丈夫，而是我和四个孩子！每当我积极应对他们时，他们都会消极地回应我。有时作为母亲我爱着他们，但我并不喜欢他们。这就是我所处的窘境，我们所有人都很沮丧，我们需要摆脱家庭疯狂怪圈。"

写这封信的是位母亲，而有她这种想法的人不在少数。还有一位母亲说："有一次，我开车带着我的三个孩子，两个刚学会走路，还有一个未满学龄，他们都在车上哭，我也开始哭了起来。"

在日常生活中，我们都会有束手无策、压力过大的时候，感觉自己进入到了死胡同一样，几乎被家庭疯狂的怪圈拖垮。

父母并非圣贤，当面对一个不听话、没礼貌又肆无忌惮的孩子时，你有时会无法做到给他完美的爱，这是不可避免的，是人的天性使然。再加之养育孩子会让你精疲力竭，家庭疯狂怪圈的转速会达到 1 马赫：家长不爱孩子，孩子就不尊重家长；反之孩子不尊重家长，家长就不会爱孩子。几个交锋下来，所有人都不会高兴。

"无条件"是指，不管怎样都不能没有爱心或者不尊重对方。

一位家长向我坦言："当孩子听话时，我们就无比慈爱；而当他们不听话时，我们就表现出严厉。"大多数人都认同这句话，但是我们必须知道，这与无条件的爱背道而驰。我们不能说："我会无条件地爱孩子，只要他们听我的话！"这等于在说只有在孩子讨人喜欢、尊重家长时，他们才配得上我们的爱和尊重。如果继续这样做，我们就是附有条件地爱孩子———一切取决于孩子的表现，在这样的心理驱使下，我们便很容易将自己的愤怒和不耐烦归罪于孩子，这是不负责任的行为，却也是现实生活中很多家长都在做着的事。而这样做会导致什么结果呢？结果就是，孩子长大后，形势就会逆转，已经成年的孩子会把自己的问题全部归罪于家长。他们怪我们，一如当年我们怪他们，这个怪圈还将这么一代一代地延续下去。

如果我们总是自我辩解，相信我们的苛刻、粗俗都是他人造成的，那么就永远无法找到正确的路，也无法引导我们的孩子踏上正途。

家长无条件地爱和尊重孩子并不意味着，我们就不作要求，消极地允许孩子为所欲为。孩子不听话时，我们要当面指出，心平气和地管教孩子，改正他们不礼貌的态度。无条件的爱意味着，即使在孩子不值得我们去爱和尊重的时候，我们仍要这样给予他们爱与尊重。这件事的重点不在于孩子是否做错了事，而是在于我们应该怎么做。

你若只爱可爱之人，有什么值得称赞的呢？就是罪人也会做同样的事情。

孩子的磨砺，可以让父母获得精神的成长

当然，我知道想法总是好的，做起来却难上加难。依照我个人的经验，以及通过与许多夫妇和家长的交流，我知道很难做到无条件地爱一个人。这么多年，我一直学着去无条件地爱孩子，但准确来说，至今我还在学习状态，这不是想学就能学会的。

我的父亲没有给我树立一个好的榜样，他性格粗暴，脾气差，很大程度上，他让我感到厌烦，父亲的反面例子在我脑海中挥之不去。我很少对孩子发火，而当我觉得自己受到了父亲的坏影响时，内心就会感到分外煎熬，但却不得不去面对它们。我们都知道"原生家庭（Family of Origin）"强大的力量。受到家庭因素的影响，有些人教养孩子会比其他人更加艰难。但是，这并非是绝对不能改变的状况，我们有机会接受帮助。拉里教授是我的一个朋友，也是一个极其聪明之人，他发觉家庭生活并不是在于分清对错，而是做正确的事。

我知道仅凭一己之力也无法教好孩子，这件事并没有那么容易。有时我会在自己身上看到父亲的影子，每到这个时候，由于对父亲的一些行为深恶痛绝，我会产生"心理呕吐感"，这时，我可能会选择求助别人，让他们告诉我怎么做，然后，去做那些正确的事。

一位母亲在信中提到了自己的挣扎：

七岁的儿子不听话，这让我内心很挣扎。陷入家庭疯狂怪圈时，我讨厌自己的儿子，这让我承受了很大压力。我一点也不想这样，但是丈夫要经常出差，因此我得独自抚养七个孩子，最大的孩子十三岁，最小的只有四个月大。你的话让我如释重负，之前我不知道该怎么办，感到精疲力竭，是因为我的眼光只局限于孩子，让我没有能力打破这一怪圈。现在，我把注意力放在孩子的优点上，努力避免消极想法，避免生孩子的气……我会轻声细语纠正孩子的错误，做出指引，有时也会给孩子一个大大的拥抱。这样做之后，我发现自己和儿子的关系发生了重大变化。

一位伤心的父亲坦言：

若孩子经常不听话，家长一时情急，事情便会一发不可收拾。我的孩子有很多次都变着花样地操控、挑衅，做出对我们没有礼貌的事情，为此我们都想打他。但其实儿子非常可爱，他有一颗善良，甚至极度敏感的心，可就是这个孩子，用不了十五分钟，就能惹得我们大发雷霆，只想把他锁进房间，自己一走了之。这就像是小说《化身博士》中的杰基尔与海德，我已经不抱多大希望，我只希望在我变老之后，他不会说："我不认识你，离我远点，你这个邪恶之人。"

我们可以从这位父亲的话中听出他的痛苦和恐惧。我们之中不少人也会有同感，觉得自己不称职。因此，我们需要明白一个道理：我们靠自己的力量做不到积极、充满爱意地教养孩子，这没有关系，当孩子不尊重我们时，我们觉得自己不爱孩子，也在情理之中。但是我们要明白，既然是抚养孩子，就肯定会受到这样的考验，一切都是正常的。事实上，面对一个没有礼貌、不听话的孩子，承认自己没有能力全身心地爱他们，这不仅没有关系，也是非常必需的。我和莎拉多次表达了自己的无能为力，无法按照理想的方式教养孩子，我们没有逃避这种无能为力的感受，而是把心中的无助和焦虑倾诉出来。

我和莎拉会频繁地这么做。实际上，莎拉时常说："在没有孩子之前，我还觉得自己很重视精神上的成长，而有了孩子之后，我才知道自己有多大差距。"换而言之，有了孩子让我们意识到，自己的内心并不够强大，也缺乏智慧成为我们理应成为的那个人。在这种时候，我们可以为自己开脱，把错归咎于孩子，当然我们也可以承认自己的不足和缺陷，拿出勇气拓展自己，让精神继续成长。与此同时，我们需要意识到，孩子的存在，是在促使我们更加积极地去生活，而不是相反。

孩子不是家中犯错的诱因

不管孩子是否听话，我们做家长的必须认清自己，而这个过程与孩子无关。正如我之前提到的，"原生家庭"的说法很有道理。有时我能感觉到自己内心波涛汹涌，就像当年我的父亲一样，但是我努力不让自己失去控制，我会冷静下来提醒自己，孩子终归是孩子，他总会有失礼的时候。我知道孩子不是我生气的原因，就像我不是父亲生气的原因一样，问题出在父亲身上，如果我和他有相似的感受，即便不像他那样强烈和频繁，那也是我的问题。

孩子不是家长犯错的诱因，它们反映了家长错误的选择。无条件的爱意味着没有任何条件（情况或特征）会迫使我们苛责，甚至怨恨孩子。很多时候，我们的怒火不是来自于孩子，而是来自自己的内心，是我们脆弱的心灵对孩子的行为做出了过激的反应。

然而，无条件的爱，并不是说无论在什么情况下，我都会说："大胆去吧，做你想做的事情，我会向你证明我很爱你，不管你做什么都没有关系。"这也太蠢了。无条件的爱意味着，我会充满爱意地指出他们不礼貌、让人讨厌的行为，即使他们行为粗鲁，令人烦恼，我依然爱他们。

孩子没有成为他们应该成为的人，并不能说明我没有尽到家长的义务，我没有对孩子的错误行为视而不见，但是，我也不会因为这些错误而不爱他们。

同样，无条件的爱不等于无条件的信任。不管发生什么，母亲都会爱自己的孩子，但是她不会信任孩子两岁时就能自己过马路。母亲无条件地爱着孩子，但她不会不考虑具体情况，盲目信任小孩子，让他自己过马路其实就是不爱他。

　　我们会对十多岁的孩子说："无论如何我都会爱你，不论你做什么，也不能停止我对你的爱。虽然我的爱是无条件的，但是，我不会随意相信你。如果你撒谎后，我还一味地信任你，那就不是爱你。"

　　但在无条件地爱孩子的同时，又该如何做到管教孩子，并知道管教的界限在哪里呢？

　　以下是我的一些想法：

　　·给予：我们给予孩子所需的一切，即使孩子不领情，我们也要付出。我们不再向他们付出，并不是出于自私，而是不想让孩子变得自私。

　　·理解：我们理解孩子，不管孩子是否感激我们，我们都会试着去理解他们。我们不再同情他们，是因为他们自怜自艾，无法自拔。我们太在乎孩子，因此不能让他们自怜下去。

　　·指导：我们指导孩子，不管孩子接不接受，我们都会指导他们。我们不再指导他们，是想让他们在磨砺中吸取教训，而不是想妨碍他们成功。

　　·管教：我们管教孩子，在必要时，我们会让孩子承担后果。我们不惩罚孩子，是出于怜悯和宠爱，并不是惧怕他们的反抗和威胁。

　　·鼓励：我们鼓励孩子能够有所作为，即使孩子们缺乏战胜敌人的自信和技能，我们也要为他们打气。我们不鼓励孩子，是希望帮助他们学会自强自立。

　　我们有信心教养孩子，因为我们知道孩子做了什么或者没有做什么都是次要的，重要的是我们是谁，而不是孩子没有做到什么。

　　在十九世纪，有一个非洲男孩，他被人贩子带到美洲竞价拍卖。他站在拍卖台上任由买家出价，一位奴隶主走到跟前对他说："如果我买下你，你会对我诚实吗？"那个男孩回答说："不管你买与不买，我都是一个诚实的人。"

　　作为一名慈爱的家长，我可以毫不犹豫地说："即使孩子将我的爱视为理所应当，我还是会为他付出一切。不管孩子对我的态度如何，我都会理解他们。即使孩子听信错误的意见，我也会指导他们。即使被孩子称作是世界上最糟糕的家长，我也会管教他们。即使孩子似乎并不接受我的肯定和安慰，我也会鼓励他们。"

　　简单地说：我决定不论发生什么，我都会爱自己的孩子。但是教养孩子还远不止这些，我们还要摆脱人性的禁锢，在下一章，我们将讨论如何避免落入陷阱。

第12章
小心 "结果陷阱"

　　不管我们多么顺利地解读并化解了家庭疯狂怪圈，也不管我们多努力地想要让家庭能力圈转动，养育子女都是件困难重重的事。对于有些人来说，这简直就是一个让人有挫败感的人生命题。事实上，我们对于孩子并没有控制权。孩子是自由的行动者，归根结底，他们会决定自己的人生，做出选择。

　　家庭回报圈是一座基石，一幅记忆的图像，它提醒我们自己的身份是什么，会有怎样的结果。但是，家庭回报圈最重要的作用是，防止你跌入 "结果陷阱"。我之所以称之为陷阱，是因为大多数人抚养孩子是以结果为导向，这在很大程度上是受到功利心的影响。例如，做生意必须要赚钱，否则公司就要倒闭。无论是打少年棒球联赛还是职业赛，教练都想赢得比赛。从事任何领域时，不管是上舞蹈课还是钢琴课，不管是种兰花还是种玉米，我们都想要结果。

　　几乎在任何领域，我们都以结果论成败，当然这也包括抚养孩子。当孩子表现好，听话，让家长骄傲时，我们就觉得自己育儿有方，是模范父母。而当孩子表现不好，不听话，与家长的价值观不相符，使家长难堪丢脸时，我们就觉得自己很失败，不是一个好家长。

我们必须想清楚一个问题：我们的重点是尽到自己的父母之责，还是努力控制孩子的心灵？

孩子有怎样的灵魂，父母无法控制

我深信，依照正确的策略教养孩子，就意味着，我们不能千方百计地企图决定孩子的将来。孩子选择成为什么样的人，拥有怎样的信仰和价值观，取决于他自身。家长的任务是专注于抚养孩子的过程：尽管孩子最终会依照自己的态度、信仰以及品行做出决定，但家长还是要以其认可的方式，给予、理解、指导、管教、鼓励孩子。

或许我的这个说法会让很多家长感到疑惑，难道这意味着，我们应该对孩子的将来熟视无睹吗？当然不是这样！我们把孩子的将来看得比自己的生命还重要。但是孩子成年以后，就会独立自主地生活。孩子与家长有着同样的自由，他们是拥有独立道德和精神的个体。

当然，家长必须向孩子进行说明，告诉他们家长希望的结果是什么，但是家长要明白，最后的决定权在孩子，不在家长。

爱孩子，就要给他选择的自由。

好消息是，家长可以营造一种爱的氛围，从而影响孩子接受家长的信仰和价值观。为孩子树立正面的榜样，要比命令他们听话更有效果。有一位感恩、镇定、谦逊、恭顺、勇敢、信仰坚定的家长，对孩子而言最具感染力。家长希望孩子能有这些美德时，家长也要反思，自己是否具备这些美德？

有一颗感恩的心

好家长一定会教出好孩子吗？

按照上一节的说法，家长如果具有美德，那么孩子似乎也必然具有这样的美德，那么，这是不是代表好家长一定可以教育出好孩子。事实果真如此吗？家庭研究表明，有两种观点可以解释为什么孩子最终会成为他们现在的样子。"社会学习理论"认为，孩子会模仿家长，他们会学家长做事情，不论这件事是对还是错；而"补偿理论"则认为，孩子会反抗家长，无论好坏，他们都不会做家长做过的事情。

实际上，在大多数家庭，两种理论会同时起作用，它们不是非此即彼的关系。但是我们时常会误认为，家长有绝对的控制权，可以预先决定孩子该走那条路，而孩子则是一张白纸，没有任何发言权。

家长与孩子存在四种不同关系：

· 不称职的家长遇到坏孩子

· 不称职的家长遇到好孩子

· 称职的家长遇到坏孩子

· 称职的家长遇到好孩子

我们将看到，教养孩子的两种理论，即社会学习理论（孩子模仿家长）和补偿理论（孩子不以家长为榜样），在这些情况下会分别有所体现。

不称职的家长遇到坏孩子

我说的不称职的家长，是指那些选择邪恶生活方式的父母。

这些父母虐待孩子，对孩子施暴，孩子遭遇了可怕、残酷的经历，内心受到了极大的创伤。但是这些受害的孩子是否会伤害别人，决定权在于他们。在家受到虐待的孩子，在外面会欺负别人吗？这最终得由他们自己决定。受虐的孩子并不一定会恃强凌弱，没受到虐待的孩子也不一定就不会做出暴行。

孩子的命运一直把握在自己手中，即使父母让孩子接触毒品、遭受体罚或性虐待。我的主张是，不要把父母的罪当成是借口，或是轻视这些孩子面临的困难，我坚信这些孩子并非注定一辈子就要做坏事。

介绍下一种情况，我将说明自由意志的好处以及选择的力量。

不称职的家长遇到好孩子

有些家长选择了邪恶，但是他们的孩子却走上了正途，为何会这样呢？孩子是独立的道德和精神个体，他们可以不受家长的影响，选择自己的道路。尽管孩子要做到这一点并不容易，但所幸的是，孩子并不是绝望无助的受害者。我绝不会对一个孩子说："你注定会做坏事，因为父母对你做了不好的事。"说这种话才是真正的残忍。

作为当年的一个小男孩，我选择了走"补偿"之路，几乎一直在努力消除父亲的负面影响。没有什么事比我父亲的做法更伤人：有一次他气急败坏想要掐死母亲，之后他还出轨了。但是直觉告诉我，我有自由选择与父亲不同的人生轨迹，而且我也做到了。当时我的同学并不知道我面对了怎样的困难。而我认为自己有更深的理解和动力，促使我选择一条不同的道路，因为我亲眼看到了自己厌恶的生活方式，我知道什么是我拼死也不想要的。

我的经历证实，很多孩子不愿选择父母的道路。一位男士写信告诉我："我的父亲和祖父都习惯大喊大叫。很久以前，我就下定决心绝不像他们一样。"

不称职的家长无法控制自己的结局。孩子却可以避免受到家长的负面影响，做出正确的抉择，但孩子面临的困难将会非常巨大，不良的家庭教育会给孩子带来长期的痛苦。

　　我并不是在为家长的错误辩解，也不是说人们会原谅这种行为。不称职的家长会受到审判，这是必然的。

　　但是，如果家长"称职"，情况又会如何呢？我认为，但凡是看这本书的家长都是称职的家长，否则你也不会看一本教养孩子的书。

　　首先，理想状况是……

称职的家长遇到好孩子

　　每个家庭都希望发生这样的事。

　　相比不称职的家长遇到好孩子，称职的家长遇到好孩子的美妙之处在于，称职的家长能让孩子更轻易地选择正途，因为他们向孩子展示了这样的生活究竟是什么样子。但是在任何一种情况下，最终孩子自己会为自己做出选择。

　　我经常收到家长的来信，他们尽职尽责，孩子也很优秀，但是这些家长还是不高兴。我所在的教会中有一个人，他向我坦言："天啊，儿子伤透了我的心！"

　　"为什么？"我问他。

　　"他某某方面做得不好。"这位父亲回答。

　　"孩子尊重你吗？"我接着问他。

　　"当然尊重。"

　　这位朋友设定了一个标准，由于儿子没有完全达标，他就对自己的教育方式，乃至自己的儿子感到失望。尤其是对于那些称职的家长，虽说他们的孩子很优秀，但总是还不够完美，这时，追求完美就是一个沉重的负担。

你是否只专注于孩子的缺点，而对他们的优点视而不见呢？如果你恰好如此，那么你要当心，千万不要让好孩子灰心丧气。

追求完美的家长还有一个缺点，即使他们很称职，也会给别人留下自以为是的印象。自我恭维是不成熟的表现，同时，也会使你疏远那些还在为孩子不听话而发愁的人。下面这样的言论，或许会让其他称职的家长心生内疚：

"那个女孩很优秀，因为她有超棒的父母，他们会在家给她辅导功课，保护她免受同龄人所面对的诱惑。"

或者"他现在成了牧师，多亏了他父亲和祖父是传教士，他出身于一个好家庭。"

或者像有人在信中说的那样："称职的家长会破例，不死守规矩。我真心认为，孩子的教育始于家庭，我也发现，孩子误入歧途通常也是由于家庭教育出了问题，父母在道德品质上有所欠缺。"

以上陈述都有其可信之处，但如若遇到有家长辅导、没有接触过外界诱惑，但还是很叛逆的孩子，又该作何解释呢？就好像家里好几代都是牧师，但是孩子不仅没有成为牧师，而且还不信仰上帝，这样的情况也不是不可能发生。

我们无法做到两全其美，如果我们认为，称职的家长抚养的孩子一定品德高尚，那么我们也必须相信，不称职的家长抚养的孩子就没有希望过上好生活。但是，对于家长不称职的孩子来说，这样没有选择的未来，该是多么沮丧啊。这些孩子可能会说："上天真不公平！"而对于称职的家长来说，他们的孩子理应效仿其崇高的行为，但若是孩子背道而驰，他们又该多么沮丧啊。

或许你会认同下面这位母亲的观点，她大胆地说出了很多父母的心声：

所有人都希望自己能有一个完美的孩子，听家长的话，成绩优异。如果事与愿违，那就是做家长的失败，你没有给孩子树立好的榜样，没有教育好孩子。为此我感觉很糟糕。我的内心一直很自责。

称职的家长遇到坏孩子

对于最后一个组合，我想要给予特殊的鼓励。我有很多这样的例子——家长很称职，但是孩子走了"歪路"。下面就是几个这方面的例子：

我有一位朋友在过去和现在，他都是一个好父亲。但是他的两个孩子都离异了，造成了很多家庭问题，这让朋友和他的妻子在情感上难以接受。

一位已经成年的男子写信告诉我，他痴迷于色情片，为此他的婚姻出现了问题，他还差点和配偶离婚。但是，他从小成长在一个良好的家庭中，双亲都是有影响力的人。

我听过无数类似的故事，家中有好几个孩子，其中一个孩子沉溺于酒精或其他易上瘾的事情，而他的兄弟姐妹则洁身自好。

我分享他们的故事，是为了说明一个观点——或许也是本书中最重要的观点。他们生动地讲述了孩子从小到大，所有家长都面临的选择：我是该注重结果，不断地悬崖勒马，想想"结果会如何？我的孩子会表现如何？"还是该注重抚养孩子的方法和过程，尽我所能教养孩子？

但是当孩子不服管教时，称职的父母会有很大负担。我们都遇到过这种家庭，或许你的家庭就是如此，因此我想要给你特殊的鼓励。

而在现实生活中，如果孩子不完美，如果他们极度叛逆，那么你也无须自责，相反，你应该努力营造一个爱的氛围——使叛逆的孩子重返家园，不要担心会遭到羞辱和拒绝。

孩子错误的选择和结果常常会让家长气馁，但我们不能因此就永不教养孩子，不管孩子是否尊重、顺从家长，家长都要坚持到底。这就是家庭回报圈：不管孩子做了什么，家长都要爱孩子。你无法控制最终的结果，但是有些事情却能在你的控制范围内。下一章，我们将对此详细地进行探讨。

第13章
为自己的反应负责

知道必须避免陷入"结果陷阱"是一回事，而同意自己无法控制孩子的最终结局，又是另一回事。最终，问题变成了：

什么是我能够控制的？

最显然的答案，是"我自己"，尤其是我对待孩子的行为和反应。

在爱与尊重大会召开时，莎拉提出了一个简单又深奥的观点，她问观众："如果我们都不能自律，那么凭什么指望孩子会听我们的话？"

这个问题很有挑战性，它和一句名言形成了鲜明对比——"依其言而行事，勿观其行而仿之。"如果父母只是夸夸其谈，并不能做到知行合一，孩子自然不会按照他们说的去做。

当我们每天完成日常教养孩子的责任后，依照爱与尊重的原则，其中涉及的三个循环让我们不禁问自己：

谁该为发生的这一切负责？

在陷入家庭疯狂怪圈时，我会责怪孩子误解家长不爱他，行为没有礼貌吗？或者我会重点反省自己，更加关爱孩子吗？我是将权力移交给孩子，还是相信自己会在合适的位置上，产生更大的影响呢？

在提到家庭充能圈时，我会要求孩子有礼貌，并鼓励他们放手去爱吗？或者我希望自己更加慈爱，从而赢得孩子的尊重？

在提到家庭回报圈时，孩子如果表现出对家长的尊重，我还会怒气发作吗？或者我是否该专注地表现我对孩子的慈爱呢？

我们可能会强迫或者劝服孩子，听从我们的规矩，但是孩子会决定内心的信念。实际上，我们会专注于控制自己的情感、态度、行动或应对，这不是说我们要消极地抚养孩子，我们必须采取主动。这与不负责任的家长有着天壤之别，不负责任的家长根本谈不上教养孩子，他们只是求生存罢了。

例如，当我们指导、管教孩子时，我们希望孩子能听话。收到礼物，帮了别人的忙之后，我们会教孩子说"谢谢"，我们可以说出其中的逻辑，但是我们绝对不能说："你必须感谢，因为我要求你这么做！"这与要求无关，而是我们要为孩子树立一个心怀感激的榜样，孩子就会发自内心地感谢。

当我提及"负责"时，第一个我们必须对其负责的人就是我们自己。我要为自己的反应负责，创造爱的氛围，提高我们身为家长的可信度。孩子一直在观察我们，他们在很小的年纪就能看出父母的虚伪。如果我们想让孩子按照我们的告诫，做出真诚的选择，那么最佳做法就是在爱孩子的同时，为自己的反应负责。

希望孩子怎么做，家长就要以身作则。例如，如果我们冲孩子大叫，让他不要叫喊，这说明我们的情绪失控了，而且孩子也能看出来你心中已经乱成一团。你说得没错，但是如果是通过大声喊叫的方法，这种做法就很不对。

为自己负责的同时，控制好情绪就意味着，在让孩子守规矩与使他信服之间，你要达成一个微妙的平衡。你自然可以采取严厉的措辞和行为，让孩子停止不礼貌的行为和言语，但是你这样做，就会失去孩子的信任，以后再想对他施加真实可信的影响，也不可能了。父亲用他愤怒的咆哮，某种程度上迫使我顺从了他，但是在内心深处，我早已将父亲拒之门外，他失去了我的信任，母亲也看得出来。母亲之所以安排十多岁的我离开家，去两百多英里以外的军校学习，这是很重要的一个原因。

不论好坏，我要为自己的反应负责

"我要为自己的反应负责"这句话引起了有趣的反响。有次我在开会时说完这句话，人们纷纷点头以示同意。但是这句话究竟是什么意思呢？对此我的解释是，孩子不是我变成这样的原因，相反，孩子的存在正好揭示了我是怎样的人。因此，当我的反应有过失时，我必须要坦诚自己的错误，而不是归咎于孩子身上。我必须勇于面对，努力改正。

如果我充满爱意地做出反应，努力教养孩子，但是孩子仍然没有礼貌，那我也必须接受现实，说服自己更有耐心。而最重要的是，我要为自己的反应负责，这一原则必须贯彻始终。

家长经常告诉我："虽然我很努力地克制了，但孩子总是逼我发作，让我表现出不爱孩子的样子，他就像个怪物！"说实在的，我理解这些家长的心情。但是招人讨厌或者没礼貌的孩子，是不能逼迫或导致家长没有爱心的，倒是孩子的行为，揭露出家长自己的无爱之举。

孩子很可爱，但他们也确确实实是很烦人，他们的阴晴不定就像是一场试炼，能揭示我们作为一个人，同时也作为一个家长的内在特性。

说了那么多家长的言行与孩子无关的事，那么这是否意味着，家庭的氛围与孩子毫无干系？当然不是。我们是想强调，孩子是独立的道德和精神个体，他们会自己做决定，并影响家长的情绪，但这并不意味着家长的错误行为就是由孩子的错误造成的。做一个好家长是我们自己的决定，而不是孩子鼓励或者迫使我们做出这样的选择。良好的亲子关系需要双方的努力，但这并不意味着所有的孩子都会配合家长。

当我们的反应有过失、不够成熟时，就会弱化我们对孩子未来发展的影响，同时，我们也会经历内疚和失败，失去信心。这正是一个教育中的困难局面，但也是一个重要的分水岭。我们应该更加坚持，更加冷静镇定，不受孩子的影响，继续以正确的方式教育孩子，这是一个令人欣喜、使人获得力量的过程。

有一个寓言，一位父亲有两个儿子。他对大儿子说："我儿，你今天到葡萄园去做工吧。"大儿子说："我不去。"但过一会他就后悔了，便去了葡萄园。父亲又找到小儿子说了同样的事，小儿子回答："父亲，我去。"但是却没有去。智者问："这两个儿子，哪一个是在遵行父命呢？"众人回答："大儿子。"

大儿子先拒绝了父亲，但之后又顺从了他。小儿子答应了父亲，之后却违抗了父亲。我的儿子乔纳森就像是故事里的大儿子。他会当面与我争论，因为他不愿意在我背后耍花招。我另外两个孩子像是这个小儿子，他们当面会附和家长的话，但是后来我们发现他们并没有按要求去做，而后一类孩子更善于找借口，他们的笑容会让家长在他们犯错时宽大处理。

由此可见，如果你的孩子不听话，先不要着急下结论，认定自己很失败；如果你的孩子很听话，也不要以为就高枕无忧了。

家长不能过早地断定自己对孩子的教养是否有效，因为教育是个漫长的过程，很多事情未免为时过早。十四岁的叛逆少年，可能在十八岁时会变得乖巧；八岁时很听话的孩子，没准十六岁就开始叛逆了。没错，家长必须应对孩子的叛逆，这叛逆并不确定是几岁就会发生。教养孩子的工作永无止境，但是，我们却可以在未知的过程中坚持：适度地向孩子付出，深切地理解孩子，清楚地指导孩子，公平地管教孩子，积极地鼓励孩子。

倘若我们每天都能遵循十字箴言，做看似最好的决定，那么假以时日我们的孩子就会变得有礼貌，他们也更有可能觉得家长是真诚的。榜样的力量会激发孩子的积极性，要说什么能让家长取得成功，那莫过于你的真诚。

如何应对我的愤怒？

家长应该有怒气吗？当然会有，孩子有些时候确实让人火大，而当提到要控制自己的行为和反应时，是否意味着我们只能有积极的反应，不能有消极反应呢？例如，作为家长，我们可能会在孩子偷东西、撒谎或骗人的时候感到伤心和愤怒。要知道，这太正常了，做一名有爱心的家长并不意味着，你就要成为没有情感的机器人。

一位哲人说过："生气但不要犯罪。"换句话说，家长愤怒也是可以的。一个十六岁的孩子向老师撒谎，说没有写完作业是因为生病了，还伪造了家长的签名，好让老师相信。发生这种事，家长生气是理所应当的。家长不是机器，他们也有喜怒哀乐。但家长不要因此辱骂孩子，而是可以说："你做的事情让我愤怒极了，我需要先冷静一下，之后你会为自己愚蠢的行为接受惩罚。"

有了无关道德的情感后，父母要做的，就是必须控制自己，不越过道德底线。这就是为什么哲人会说："生气但不要犯罪。"父母即使生气，也不能大发雷霆。你要注意哲人接下来说道："不可含怒到日落。"这件事的关键是，你不是不能生气，而是不能一直生气，让情绪恶化。

自我控制并不意味着，我们要抑制内心强烈的情感，不表露心声。我们要表达自己的感受，但是要小心措辞。我们需要说出这些感受，但是得注意说话的方式，不让自己有所后悔，不让这些话伤害孩子的心。

但这个界限毕竟是虚化的，我们怎么知道自己的行为是否越过了底线，犯了过错呢？一般情况下，一个人的良心会清楚地辨别出底线在哪里。如果你还是不确定，那就去向虔诚智慧的人寻求意见，他们会给你帮助。此外，孩子也能看出家长的感受，就像家长能看出他们泄气、害怕一样。

一位母亲在信中回应了我对愤怒的看法：

对着这样的孩子，我没有办法不生气、不伤心。但是，你的话让我明白，有这些感受和情绪是没关系的，重要的是，我如何应对这些感受。即使孩子不招人喜欢，有时甚至没有礼貌，但是如果我还能无条件地爱他，并让对方知道这一点，事情就能获得改变。我喜欢这个想法，这给了我希望，因为孩子对我做的一切从来没有过感激。

或许你和这个母亲有同样的感受，她必须要坚持，我们也是一样。教养孩子——尤其是控制感情，是一场马拉松，而非短距离的冲刺。

愤怒意味着魔鬼?

你是否有在气急败坏的时候，做了不像是自己能做出的事情，说了不像是自己会说的话？事后你是否说过："我不知道自己怎么了，完全不像是我自己。我不知道着了什么魔？"在这种时刻，喜剧演员菲利普·威尔逊会说："是魔鬼让我这么做的！"一位哲人说过，不可含怒到日落。这是为什么呢？因为倘若我们一直生气，魔鬼就会乘虚而入。

愤怒情绪的激化，会让我们突然变成另外一个人。虽然这情绪未必会控制我们，但是却会折磨我们。此时，我们要做的就是缓慢地动怒，克制自己说出或做出难以弥补的事。虽然魔鬼是人们想象出来的、身着红色紧身衣手持着铁叉的角色，但是生活中我们难免有魔鬼附体的时候，很多穿着睡衣正在向孩子愤怒咆哮的父母，在某一刻都和魔鬼没有区别。

每个家长必须认识到愤怒的危险性。在我上大学前的那个暑假，我回到家里，父亲又在为某件事愤怒发作。我没有像之前一样选择逃避，而是走到父亲面前，对他说："现在是谁在控制你？是魔鬼吗？"

父亲立刻泄了气，他对我说："没错，我也认为是这样。"

我没有用不尊重的语气对父亲说话。我是看到他的样子，觉得担忧才那么说的，父亲看起来就像是着了魔。我曾经无数次目睹过父亲这样，但我是头一次这么直接说出来。在这种情况下，我觉得自己是作为一个成年人在和父亲对话。所幸的是，父亲在听到我的问题后，平息了怒火，这让我觉得不可思议。父亲镇静下来，然后走开了。

我意识到，很多家庭关起门来都会发生这种事情。如果你身上也发生了这样的事，那么你需要意识到，这是你调整自我的重要时机。比如你因为孩子的问题愤怒跳脚，但引发你生气的并不是因为孩子，而是你自己选择了生气，而灵魂的敌人则伺机激化了你的愤怒。这不仅是一个养育孩子的问题，而是一场精神上的斗争，有关愤怒以及黑暗力量的斗争。

下面这封来自一位母亲的来信，让我感到非常欣喜。她意识到了愤怒的危险：

周六晚上的爱与尊重的研讨会结束后，十七岁的儿子去机场接了我们，我根本不知道自己该怎么办。这么多年来，我是那么不尊重我的孩子。我有两个儿子，一个十九岁，另一个十七岁，丈夫和我正在治疗愤怒，简单来说，孩子是我们争论的一个重要话题。我走进儿子的车里，发现他并没有按照我的要求把车清理干净，我明明在他送我们来机场的时候就已经说过了。然后，我就开始发脾气。丈夫和儿子坐在车的前排，丈夫充满爱意地、心平气和地要求我别生气了。但我的音量还是盖过了广播的声音，继续着自己的长篇大论。

　　到家之后，因为房间不干净，我又说个不停，这引发了一场更激烈的争吵。丈夫善意地让我离开了房间。我这时候才意识到，去参加研讨会原本是我的主意，而我现在究竟在做些什么？然后我离开了房间，满怀愧疚和痛苦，几乎是爬回了卧室。我对自己说："天啊，我真是邪恶，我不想再继续这样下去，我做不到，我做不到对丈夫和儿子有礼貌。"后来，我和儿子单独在一起，他还是不愿意打扫房间，他很生气，还在扔东西。我看着儿子的眼睛，对自己说："我该如何尊重孩子，同时又坚持立场，不畏惧他哭闹生气呢？"奇怪的是，这时我的内心变得异常平和，有从未有过的决心，我不断地用心平气和、有礼貌的口吻告诉儿子，他需要收拾干净。儿子真的照做了。在我写这封信时，十九岁的儿子从学校打电话过来，只是为了告诉我，他爱我！他从来都没有这样做过，爱与尊重的研讨会让我尝到了爱的甜头。

控制愤怒并非妥协

　　从上文我们可以看到，当父母只关注孩子不礼貌的行为结果，而不注意自己的行为时，他们就会陷入愤怒的泥潭。我们提醒家长控制愤怒，并不是说我就赞成他们消极被动，或者放任纵容。

　　我听一位成年人说，父母最让他失望的是，没有坚守精神信念。他这么说，是因为在十几岁的时候，他很叛逆，父母却屈服让步了，任由他恣意妄为，有时明知道他做得不对，但是为了不引起争端，还是选择了放任。回想这些时，他感到非常痛苦和失望，他满心愧疚觉得自己迫使父母在信念上做了让步，同时，父母的让步让他怀疑，父母的信念是否真诚。父母的妥协，也同时削弱了他的信念。他认为如果爸妈的立场都不坚定，那或许这些也不值得我去相信。这就好比他在"踢栅栏"，潜意识里他希望栅栏是坚固的，没想到，它一下就倒了。

家长需要掌握教育的尺度，如果不是什么大是大非的问题，家长有时可以妥协。但是，当孩子明显地违反了行为准则时，倘若家长还消极放任，这样的"通情达理"，则只会有悖于教养的目的。

我之所以希望家长控制自己的行为，并不是想让大家都成为完美主义者。要知道，想让家里的三个孩子收拾停当去上学，就好比要把野猫赶在一起；接着把三个孩子放在车的后座上，就好比要把三只猫放在一袋土豆上；他们的尖叫声、吵闹声震耳欲聋，就好像三只猫在吵架。没有哪个家长管教孩子，还能二十四小时保持冷静镇定，泰然自若，有时候不疯掉就已经算很不错了。

我们这样假设吧。如果不是由于孩子的影响，我们都会是完美的家长，但这样的家长，又算得上什么家长呢？所幸的是，在我们失败之后，我们还有改正的机会。我们要振作起来，不要放弃，要重新整装出发。从长远看，我们不能控制最终的结果，因为那取决于孩子，但是，我们可以控制自己的行为，为孩子和自己创造重要的时刻——这种时刻可以创造永恒的、积极的精神财富。在结束这本关于家庭中爱与尊重的书之前，我们将阐述这笔财富意味着什么。

结　语
留给孩子的精神财富

提到财富，我们想把什么留给孩子呢？以这个问题结束整本书再合适不过了。

我们肯定希望孩子能够记得并且知道我们是爱他的，此外我还相信，大多数人在运用了这本书中给出的方法后，总有一天，孩子会懂得："我的父母爱我，他们爱我爱得深沉。"

一位朋友在信中提到：

一年前的今天，我亲爱的妻子、我女儿的母亲——二十八岁的戴安娜去世了。去世前，妻子与癌症做了长期的斗争，走的时候她体面、有尊严，我们怀念黛安娜的音容笑貌，同时也意识到，过去的一年里，她为我们留下了一笔宝贵的爱的遗产。我相信这是对她的致敬，她让我们做足了准备，她对我们的爱依然还在。

　　一位妻子在信中提到了她已故的丈夫：

　　自从参加爱与尊重的研讨会之后，他就像变了个人。虽然我们还要跨越很多障碍，但是我们会一同面对。我们有着美妙的婚姻，我们越来越亲密，我们践行了爱与尊重。十六个月之前，丈夫生病没多久就去世了。他离开时，为我们的孩子留下了一份宝贵的财富。

　　这些都是关于精神财富的故事，不涉及金钱物质，却最深入人心。

　　令人遗憾的是，有些人却在小事上花了太多精力，付出了太多努力，他们或许很擅长处理紧急事务，却将重要的事抛之脑后。我们中的一些人太在乎细枝末节，难免本末倒置。在读过我的书之后，一位澳大利亚的父亲写信给我："那时，我突然茅塞顿开！如果我继续做错事，那么只能给孩子留下负面的精神财富，我感觉书中的很多内容正中我的要害。"为此，他下决心要做正确的事。

　　精神财富这个观点，会对大多数人产生影响。一对夫妇写信说："我们很高兴摆脱了家庭疯狂怪圈，进入了家庭充能圈，现在我们相信回报圈已经成为我们关系的一部分。我们永远心怀感激，因为我们为孩子和孙子留下了一笔宝贵的精神财富。"

　　我们为孩子留下的这笔精神财富包括如下内容：

因为我们无私地为孩子付出，他们感受到了关爱。

因为我们细致地理解孩子，他们感受到了同情。

因为我们耐心地指导孩子，他们觉得做好了准备。

因为我们慈爱地管教孩子，他们感受到了自律。

因为我们热情地鼓励孩子，他们拥有到了勇气。

实例：有影响力的精神财富

一位成年的儿子在信中写了他父亲的故事，父亲是一家大型经纪公司的合伙人，在退休前一年破产了。父亲失去了一切，退休时一文不名。紧接着，父亲的白内障手术失败，一只眼睛失明；得了心绞痛，后来又罹患了阿尔茨海默病。父亲去世时七十七岁。尽管经历了这么多磨难，他父亲的信仰"坚若磐石"。这位儿子在信的结尾写道："这一切对我产生了怎样的影响呢？这么说吧，有了父亲这样的榜样，即使日子再艰难，我也很难说服自己做坏事。"

这就是所谓的，留给孩子的精神财富。

我认识一个人，他有四个儿子，而他的父亲死于自杀。在儿子们眼中，虽然祖父的自杀给父亲造成了伤害，但他一直在努力抚平伤口。父亲会对他们大发雷霆，之后又会低着头请求原谅；父亲对自己的工资很满足；父亲一直在他们身边；父亲爱自己的妻子；父亲会为别人的生活提供帮助；父亲是一个驯顺恳学的人。

虽然父母有着身体力行的作用，但你做出那些善行，拥有那些好的品质、好的习惯，这不是为了孩子，而是为了你自己。

你将以一个自主的、完整的、有着独立人格的形象存在于孩子们心中，而不只是他们的父亲或者母亲。你用你自己的独立和完整，为他们揭示了怎样的人生才是对自己负责的人生。

这就是所谓的，留给孩子们的精神财富。

还有什么比这更伟大？

实际上，我们要说，有一点不同于很多人希望的是，不是所有的孩子都会继承家长的精神财富，这个消息或许会让人丧气，但我们必须接受现实的多样性。他们会选择不同的道路，而这又将让我们置于何地呢？

莎拉告诉前来参加爱与尊重研讨会的人们："做这些全是为了我自己。"她说这番话时，在场的人都面面相觑："她说的和我想的是一样的吗？她这么说是让我们自我陶醉吗？"

莎拉接着说："没错，这真的都是为了我自己。我无条件地爱孩子，是因为我想成为一名好母亲，不让自己留下遗憾和悔恨。我希望听到别人说——

"你非常爱你的孩子，即使孩子走上了不同的道路。

"你慷慨大方，即使孩子不知道感恩，你也没有停止对他们的付出。

"即使孩子抱怨你不理解或者不关心他们，你也极富同情心，一直试图理解他们。

"当孩子难以教化或者记性不好时，你会如实地向他们传授智慧。

"即使孩子固执己见，年复一年，日复一日地反抗你，你还是一如既往、不带偏见地管教他们。

"即使孩子缺乏自信，面对挫折想要放弃，你还是不停地鼓励他们有天赋、有才能。"

莎拉的话说出了爱与尊重的真谛，在教育孩子时，重要的是，你自己是什么样的人，而不是孩子成了什么样的人。正如之前所说，我们只能控制自己的行为和反应，我们控制不了孩子的结果，孩子如何利用这笔精神财富，则是他们的选择。

在某种程度上，一切都是为了我自己——不管我身边的人，包括我的孩子怎么做，我都应该努力获得精神的成长和心智的成熟。

这才是真正的精神财富！

附录A

制定家庭的爱与尊重目标

　　想要教会孩子爱与尊重吗？打印下文的五条原则，然后将它贴到家中显眼的地方。对于具体该怎么说，我们的建议，只是建议而已，你需要根据实际情况，以及孩子的需要做出调整，或者想出新的内容。

　　制定家庭的爱与尊重目标：

　　即使对方没有礼貌，我们也要尊重对方。
　　即使受到不公正或是粗鲁的对待，我们也要有礼貌地表达自己的感受和看法。
　　孩子应该服从并尊敬家长。
　　即使孩子没礼貌，家长也要一直爱他们。
　　我们希望家中充满爱与尊重。

即使对方没有礼貌，我们也要尊重对方

我们要告诉年幼的孩子："我们不仅要彼此相爱，还要尊重彼此。因此，即使哥哥做错了什么事，你也要试着去爱他，尊重他。"

我们也要告诉年长的孩子："如果一个人做的每件事都能让你称心如意，那么让你尊重这个人没什么难的，但是倘若这个人很坏或者对你不公平，那又该如何呢？在这种情况下，我们仍要无条件地爱并且尊重这些人。这也意味着，他们不需要讨好我们，赢得我们的尊重，不管怎样我们都会爱他们、尊重他们，即使他们并不值得我们这样做。"

即使受到不公正或是粗鲁的对待，
我们也要有礼貌地表达自己的感受和看法

对于年幼的孩子，我们要蹲下身子平视他们，轻声说："如果姐姐做了让你难过的事情，你要来找爸爸妈妈，告诉我们你是怎么想的，但是不许说不尊重姐姐的话。我们会帮助你。明白了吗？"

对于年长的孩子，我们要告诉他们："说你妹妹'愚蠢'显然是不尊重她。爸爸妈妈从来不会那样说话，所以我们相信你也不是有意要那么说的，对吗？"

孩子应该服从并尊敬家长

对于年幼的孩子，我们要平视他们，并告诉他们："作为儿女，要听从父母，这是理所当然的。倘若爸爸妈妈做了让你生气的事情，你会想要粗鲁无礼、不听话。但作为父母，我们会一直试着理解你，公平对待你，以你的利益为优先。"

对于年长的孩子，我们要告诉他们："作为儿女，要听从父母，尊重你的父母，但这并不是说，孩子就是家长的奴隶，没有任何权利可言。你可以礼貌、心平气和地表达自己。"

即使孩子没礼貌，家长也要一直爱他们

对于年幼的孩子，我们要说："爸爸妈妈无论如何都会爱你。我们会永远爱你，不管你做什么，都不能停止我们对你的爱。但是，这并不意味着，我们做的每件事都能让对方满意，有时我们也会生彼此的气。但是我们不应该一直生气或者说出无礼的话，要是做了这样的事，我们就必须向对方道歉。不管发生什么事，

我们都想让你记得，爸爸妈妈是全心全意地爱你。"

对于年长的孩子，我们需要强调，虽然我们爱他，但并不意味着，我们事事会顺着他的心意，或者满足他的任何要求。你可以对他说："爸爸妈妈要决定怎样做对你最好，这不是件容易的事情，有时我们会拒绝你，因为我们相信那样做是为你好。当你觉得难过或者沮丧时，别忘了我们是你的父母，我们会一直陪在你身边。爸爸妈妈虽然并不完美，但是却很关心你，你就是我们的一切。"

我们希望家中充满爱与尊重

对于年幼的孩子，你要告诉他们："我们之间要彼此相爱，尊重对方。"

对于年长的孩子，你要这么说："不管有多困难，我们都会坚信并践行这些美好的真理，因此我们希望可以得到你的帮助，我们认为这件事很重要。没错，有时我们表现出不爱你，你也会不尊重我们，但这种时候，我们可以振作起来，从头来过。"

教养孩子时，如何践行爱与尊重

如何应对三种循环

陷入家庭疯狂怪圈时，该怎么做？

是责怪孩子误以为家长不爱他，做出了无礼的行为？

还是想想自己错在哪里，不再纠结孩子不尊重自己，以更慈爱的方式做出反应？

面对家庭充能圈，该怎么做？

是要求孩子尊重我，以此换取我的爱？

还是要求自己以爱感化孩子，让他们尊重我？

面对家庭回报圈，该怎么做？

我是指望孩子像尊重上帝一样尊重我？

还是要求自己对孩子无条件去爱？

当情况失控时

孩子有不礼貌的行为，是因为之前我说过或做过的事情，让他们觉得我不爱他们吗？

我是否需要告诉孩子我爱他，即使在他们不尊重我时，也能做到不生气？

孩子反应消极，让我觉得他不尊重我，其中的原因是孩子的物质需求没有得到满足，我需要给予他，让他得到满足吗？

情感上有需求，我需要予以理解和同情吗？

觉得自己很无知，我需要指导他吗？

缺乏自制力，我需要管教孩子，帮他成为一个自律的人吗？

遭受精神打击，我需要为孩子祈祷吗？

我能不偏不倚地爱孩子吗？

给予孩子，满足他的需求和欲望。

我们是给孩子的太少，忽视了他的需求？

还是给得太多，放纵了他的欲望？

理解孩子，不让他生气或恼火

我们是缺乏同情心，对孩子期望太高，对他知之甚少呢？

还是过于理解孩子，过分同情他，反而让他自怨自艾呢？

指导孩子，让他明白生活中的真谛

我们是缺少对孩子的指导，隐瞒了原本可以帮助他、指引他的真理呢？

还是指导太多，一个劲儿向孩子说教，反而让孩子失去了兴趣呢？

管教孩子，让他学会不对别人造成伤害……

我们是疏于管教，过度放纵了孩子？

还是管得太多，让自己成了霸道的独裁者呢？

鼓励孩子，让他发挥自己的天赋

我们是对孩子鼓励太少，在他面前过分悲观，一味挑剔不满？

还是给孩子的鼓励太多，反而让他变得肤浅、虚伪、不切实际呢？